金砖国家发展战略对接

迈向共同繁荣的路径

中外联合研究报告（No.3）

The Coordination of BRICS
Development Strategies
Way to Shared Prosperity

中国社会科学院国家全球战略智库

王灵桂　赵江林／主编

社会科学文献出版社
SOCIAL SCIENCES ACADEMIC PRESS (CHINA)

前　言

金砖国家（简称为 BRIC）一词，最早起源于 2006 年联合国大会期间巴西、俄罗斯、印度和中国的外长会议，并从此将原本高盛首席经济师提出的概念，拓展成了国际经济实体。2010 年，随着南非的加入，金砖国家从四国变为五国，其英文缩写也从 BRICs 改为 BRICS，金砖五国从此成为国际政治舞台上一个响亮的名字。2017 年 9 月 3 日至 5 日，第九届金砖峰会将在中国厦门隆重开幕，金砖国家也将拉开第二个黄金十年发展的历史帷幕。盛事共襄，本书也应运而生。

在各成员国共同努力下，金砖国家合作已成功走过了第一个十年，从经济报告里的投资概念逐渐走向全球治理舞台，成为新兴市场国家和发展中国家合作的闪亮招牌，在政治、经济、安全、人文等诸多领域的合作已取得显著进展、结出丰硕成果。伴随着金砖国家合作领域的不断拓展，从一元到多元，从双边到多边，从最初的贸易投资到旅游、金融、文化科教，从贸易到实业、全球经济治理变革协商，从政府交流到党派交流再到智库、文化科技教育、立法领域交流，从国内问题到国际问题的磋商协调，从双边合作到多边合作等，金砖国家合作已经成长为促进世界经济增长、完善全球治理、推动国际关系民主化的重要力量。

当前，国际形势错综复杂，在国际金融危机的阴霾之下，世界各国的日子均不好过，金砖五国也难以独善其身，进一步的发展面临着诸多复杂、严峻的挑战。金砖国家如何进一步加强合作、携手并进，继续做推动全球发展的领跑者？如何不为风雨所动、不为杂音所扰、不为困难所阻，不断构建和强化维护世界和平的伙伴关系、促进共同发展的伙伴关系、弘扬多元文明的伙伴关系、加强全球经济治理的伙伴关系，以实现更大的发展？

在这个变挑战为机遇、变压力为动力的携手前行过程中，从乌法到果阿，再到厦门，金砖合作的登高爬坡，尤需五国高层频密互访，推心置腹，以天下之目视，以天下之耳听，以天下之心虑①。"加强同金砖国家合作，始终是中国外交政策的优先方向之一。中国将继续同金砖国家加强合作，使金砖国家经济增长更加强劲、合作架构更加完善、合作成果更加丰富，为各国人民带来实实在在的利益，为世界和平与发展做出更大贡献。"② 金砖国家一定会 "以开放思维引领合作，按经济规律促进发展；充分用好对话的'黄金法则'，运用好'聚同存异'的政治智慧，树立金砖合作的'道路自信'，将金砖合作建成全球治理新思想的发源地"。2015 年 11 月 15 日在土耳其安塔利亚出席金砖国家领导人非正式会晤时，习近平主席指出，"让世界对金砖国家的成色有新的认识"③。2017 年 7 月 7 日习近平在汉堡主持金砖国家领导人非正式会晤时，发表了引导性讲话和总结讲话，提出了四个"毫不动摇"。④ 我们相信，在中国厦门召开的第九届金砖峰会，必将成为金砖国家迈向新境界的新起点，必将金砖五国合作带入第二个十年的关键发展阶段。

"金砖国家研究项目"是中国社会科学院国家全球战略智库的重点课题之一。长期以来，我们本着"立足国内、以外鉴内"的原则，密切跟踪和关注境外战略智库对金砖国家发展的各种评述，采用一种接地气的研究路径和研究方式。2017 年 5 月 14 日，蔡昉理事长在"'一带一路'国际合作高峰论坛"之"智库平行论坛"上，就进一步推进"一带一路"联合研究工作，向与会的 200 多位国内外战略智库负责人和专家们提出了五点倡议："第一，共同策划选题并开展联合研究工作。每个智库都有自己的专长、自己的领域，可以为'一带一路'建

---

① 陆忠伟：《金砖合作的'形'与'势'》，《人民政协报》2017 年 6 月 13 日。
② 习近平：《携手合作，共同发展》，《习近平谈治国理政》，外文出版社，2014，第 326 页。
③ 新华网：《习近平在金砖国家领导人非正式会晤上的讲话》，2015 年 11 月 16 日 03：11：15。
④ 一要毫不动摇构建开放型世界经济；二要毫不动摇奉行多边主义；三要毫不动摇加强全球经济治理；四要毫不动摇推动共同发展。参见《习近平主持金砖国家领导人非正式会晤》，新华网，2017 年 7 月 7 日 20：10：17。

设贡献各方面的智慧。通过联合研究，找到共同的利益关切点，有助于'一带一路'贴近现实、贴近民众。第二，建立学术成果信息共享机制。定期或不定期加强学术交流是保持智库之间互动的最佳渠道之一，有助于加深了解，助推思想上的互联互通。第三，共同培养人才。我们应鼓励智库之间加强科研人员互访、培养博士后。互访交流可以是短期的，也可以是长期的，目的是培养对'一带一路'研究感兴趣并有所作为的专门人才。第四，共同发布成果。通过发布联合研究报告的形式，对彼此重大的关切发出呼吁，有助于产生广泛的社会影响力，更有利于助推政府决策。第五，不定期共同举办会议和建立日常的联络机制。会议是加强思想沟通的最直接方式，有助于产生新的想法和建议。另外，日常的联络也是必要的，这方面我们也在逐步积累经验。"他还呼吁，"在推进'一带一路'倡议中，思想相通是我们首先需要做到的，知彼此之虑、知彼此之需、知彼此之忧，方能实现合作。我们希望搭建一个智库联盟，建设一个智库网络。在这个联盟中、这个网络中，我们所要做的是在未来如何将我们的研究更好地匹配于实践，使'一带一路'更好地服务中国的全方位发展、世界的全方位发展。在这个联盟、这个网络中，大家可以同舟共济、集思广益，通过人员交流、合作研究、信息交流，形成长期合作的机制，至少在我们的思想领域、学术领域做到'互联互通'，努力成为'一带一路'民心相通的典范"①。这也是我们十分注意同金砖国家智库加强联系和对接，将联合研究当作我们重要研究渠道的起因，是蔡昉理事长提出的"开门办智库"的具体体现和载体，也不失为我们服务国内同仁研究工作的一种探索和尝试。2017 年 6 月 8~9 日，我们同光明智库、国际关系学院联合在京举办了首次金砖国家智库论坛——"金砖国家发展战略对接：迈向共同繁荣的路径"国际研讨会（2017 BRICS Think-Tanks Forum——The Coordination of BRICS Development Strategies：Way to Shared Prosperity），会议邀请了金砖五国主要智库 50 位左右的政府官员和专家

---

① 中国社会科学院副院长、中国社会科学院国家全球战略智库理事长蔡昉教授 2017 年 5 月 14 日下午在"智库平行论坛"上的发言。

学者就金砖国家未来 10 年的合作与发展进行了研讨。本书既是联合研究的一种体现，也是经过观点切磋之后的一种共享。

未来，国家全球战略智库愿意继续同金砖国家的智库和有志于此的专家学者们一起，就金砖国家机制的未来发展路径进行科学深入的联合研究，用我们的智力来支持金砖国家继续"深化金砖伙伴关系，开辟更加光明未来"的建设工作，同时在这一过程中，我们也能同金砖国家智库结为良好的"伙伴关系"，共同推进智库合作的"光明未来"。此为我们的祝愿，亦为我们的学术追求之一。

草草拟就，聊为序言。

中国社会科学院国家全球战略智库常务副理事长兼秘书长、研究员

王灵桂

2017 年 7 月 5 日

目　录
CONTENTS

深化金砖伙伴关系　开辟更加光明未来

王灵桂

中国社会科学院国家全球战略智库常务副理事长兼秘书长、研究员

赵江林

中国社会科学院国家全球战略智库研究员

与世界上其他合作组织不同的是，金砖国家起源于投资概念，而后转化为一个包含政治、经济、安全、文化等范畴的复合概念。自 2006 年第一届金砖国家领导人峰会召开以来，尽管面临多重挑战，但金砖国家在多领域、多层次、机制化等方面仍取得长足进展，正在成为全球治理体系中的"金砖"力量，为推进世界发展的公平与公正、开放与包容做出自身的努力。2017 年 7 月 7 日习近平在汉堡主持金砖国家领导人非正式会晤时，再次就金砖国家合作的未来发展走向提出了四个"毫不动摇"。[①] 四个毫不动摇道出了金砖国家应当承担的历史责任和合作目标，最终为发展中国家自身发展以及世界的共同发展做出自身的努力。

一　金砖国家在世界经济格局中的地位与作用

金砖国家因其在所在地区的地位、自身的实力以及在世界中的重要性而从一个经济概念转化为一个复合概念，由于本文更多倾向于讨论经济方面的合作，因此，对金砖国家的国际地位评估主要侧重于经济方面。

[①] 一要毫不动摇构建开放型世界经济；二要毫不动摇奉行多边主义；三要毫不动摇加强全球经济治理；四要毫不动摇推动共同发展。参见《习近平主持金砖国家领导人非正式会晤》，新华网 2017 年 7 月 7 日 20：10：17。

金砖五国分布在亚洲、非洲、欧洲、拉丁美洲，2016 年人口总数约占全球人口总数的 41.9%，GDP 约占世界总量的 22.4%，从成立到 2016 年对世界经济增长的贡献率超过 50%[①]。近些年金砖国家在世界经济中地位变化呈现以下几个特点。

第一，整体实力增长较快。金砖五国 2016 年 GDP 规模达到 168480 亿美元，占世界 GDP 比重从 1980 年的 6.6% 上升到 2015 年的 22.6%，35 年间提高了 16 个百分点（见表 1）。金砖五国 2015 年的经济实力超过欧盟，接近美国，按国际货币基金组织预估，2020 年左右将超过美国。

表 1 金砖五国 GDP 占世界份额

单位：%，10 亿美元

年份	1980 年	1990 年	2000 年	2005 年	2010 年	2015 年	2016 年	2022 年	2016 年
世界	100.0	100.0	100.0	100.0	100.0	100.0	100.0	100.0	75278
发达国家	75.8	78.2	79.2	76.3	65.5	60.5	61.2	55.7	46076
G7	61.7	63.7	65.1	59.9	49.9	46.4	47.1	42.7	35447
美国	25.7	25.5	30.4	27.5	22.7	24.3	24.7	23.8	18569
欧盟	34.1	31.4	26.4	30.4	25.8	22.0	21.8	18.8	16408
BRICS	**6.6**	**5.6**	**8.2**	**10.8**	**18.2**	**22.6**	**22.4**	**26.6**	**16848**
巴西	1.4	2.0	1.9	1.9	3.4	2.4	2.4	2.7	1799
中国	2.7	1.7	3.6	4.9	9.2	15.1	14.9	17.7	11218
印度	1.7	1.4	1.4	1.8	2.6	2.8	3.0	3.9	2256
南非	0.7	0.5	0.4	0.5	0.6	0.4	0.4	0.4	294
俄罗斯			0.8	1.7	2.5	1.8	1.7	1.8	1281

资料来源：国际货币基金组织。

第二，金砖五国开放水平日益提升，对世界影响力不断提升。金砖五国在世界贸易中的地位变化较为突出，尤其是进口方面。金砖五国从世界进口的产品规模占世界进口总规模的比重从 2005 年的 9.9% 上升到 2015 年的 15.3%，服务产品进口占世界进口总额的比重同期从 8.5% 上升到 15.4%，发展中国家在世界进口中地位的提升主要来自金砖国家（见表 2 和表 3）。就资本流动而言，过去金砖五国以吸引外资为主，如

---

① 艾奎宇：《厦门期待"金砖带路"》，新华网，2017 年 5 月 31 日 13：57：49。

表2　金砖五国产品进出口总量及其占世界比重

单位：亿美元，%

	出口				进口			
	2016 年	2005 年	2015 年	2016 年	2016 年	2005 年	2015 年	2016 年
世界	159564	100.0	100.0	100.0	161415	100.0	100.0	100.0
发展中国家	69645	36.3	44.6	43.6	66014	31.8	42.0	40.9
转型国家	4459	3.4	3.2	2.8	3746	2.2	2.3	2.3
发达国家	85460	60.4	52.2	53.6	91654	66.0	55.7	56.8
欧盟	52702	38.3	32.1	33.0	51131	37.8	30.7	31.7
G7	52015	38.5	32.1	32.6	59430	44.1	36.4	36.8
美国	14546	8.6	9.1	9.1	22514	16.1	13.9	13.9
BRICS	**29044**	**12.1**	**19.1**	**18.2**	**23730**	**9.9**	**15.3**	**14.7**
巴西	1853	1.1	1.2	1.2	1435	0.7	1.1	0.9
中国	20982	7.3	13.8	13.1	15874	6.1	10.1	9.8
印度	2640	0.9	1.6	1.7	3591	1.3	2.4	2.2
俄罗斯	2818	2.3	2.1	1.8	1914	1.2	1.2	1.2
南非	751	0.5	0.5	0.5	916	0.6	0.6	0.6

资料来源：联合国贸发会（UNCTAD）。

表3　金砖五国服务进出口总量及其占世界比重

单位：亿美元，%

	出口				进口			
	2016 年	2005 年	2015 年	2016 年	2016 年	2005 年	2015 年	2016 年
世界	48793	100.0	100.0	100.0	47974	100.0	100.0	100.0
发展中国家	14357	23.1	29.9	29.4	18177	28.4	38.4	37.9
转型国家	1069	2.0	2.2	2.2	1265	2.6	3.0	2.6
发达国家	33366	74.9	67.9	68.4	28533	69.0	58.6	59.5
欧盟	20211	47.9	41.3	41.4	17896	43.9	36.7	37.3
G7	19452	44.3	39.9	39.9	16355	43.0	33.8	34.1
美国	7524	14.1	15.4	15.4	5031	11.7	10.3	10.5
BRICS	**4685**	**7.0**	**9.8**	**9.6**	**7398**	**8.5**	**15.4**	**15.4**
巴西	333	0.6	0.7	0.7	637	0.9	1.5	1.3
中国	2085	3.0	4.5	4.3	4530	3.2	9.2	9.4
印度	1618	2.0	3.2	3.3	1337	2.3	2.6	2.8
俄罗斯	505	1.1	1.1	1.0	744	1.6	1.9	1.6
南非	144	0.4	0.3	0.3	150	0.5	0.3	0.3

资料来源：联合国贸发会（UNCTAD）。

今也在加大对外投资规模。金砖五国 2005 年吸引外资规模达到 7685 亿美元，2015 年上升到 23725 亿美元，增长了 2.1 倍，而同期从金砖国家流出的资本规模从 3131 亿美元上升到 17454 亿美元，增长了 4.6 倍，同期占世界资本流出规模的比重也从 2.6% 上升到 7.0%（见表 4）。

表 4　2005～2015 年金砖五国资本流入、流出情况

	流入存量（亿美元）		流出存量（亿美元）		流入存量占比（%）		流出存量占比（%）	
	2005 年	2015 年	2005 年	2015 年	2005 年	2015 年	2005 年	2015 年
世界	114574	249832	118565	250449	100.0	100.0	100.0	100.0
发展中国家	26355	83744	11878	52963	23.0	33.5	10.0	21.1
转型国家	2563	6014	1426	3078	2.2	2.4	1.2	1.2
发达国家	85657	160074	105261	194408	74.8	64.1	88.8	77.6
欧盟	43744	76354	50245	93327	38.2	30.6	42.4	37.3
G7	56655	102008	76047	134190	49.4	40.8	64.1	53.6
美国	28180	55880	36380	59828	24.6	22.4	30.7	23.9
BRICS	**7685**	**23725**	**3131**	**17454**	**6.7**	**9.5**	**2.6**	**7.0**
巴西	1779	4860	758	1814	1.6	1.9	0.6	0.7
中国	2721	12209	572	10102	2.4	4.9	0.5	4.0
印度	432	2823	97	1390	0.4	1.1	0.1	0.6
俄罗斯	1786	2584	1392	2520	1.6	1.0	1.2	1.0
南非	967	1249	310	1628	0.8	0.5	0.3	0.7

资料来源：联合国贸发会（UNCTAD）。

第三，金砖五国仍处于发展阶段，尚未迈入发达经济体阶段。目前金砖五国人均 GDP 均在 10000 美元之下，其中巴西、中国和俄罗斯在 8000 美元以上，按照世界银行标准，已进入中高收入水平阶段，南非在 5000 美元以上，属于中等收入国家，印度不到 2000 美元，仍属于中低收入国家（见表 5）。

表 5　金砖五国人均 GDP、城市化率水平

	人均 GDP（美元）		人口（百万人）	城市化率（%）
	2016 年	2020 年	2016 年	2016 年
巴西	8727	11538	206	84.2
中国	8113	10644	1383	57.9

续表

	人均GDP(美元)		人口(百万人)	城市化率(%)
	2016年	2020年	2016年	2016年
印度	1723	2358	1309	32.4
俄罗斯	5261	5925	56	73.2
南非	8929	11981	143	63.9

资料来源：联合国贸发会（UNCTAD）和国际货币基金组织。

第四，金砖五国内部发展具有不平衡性。就人均GDP收入水平来看，金砖五国内部发展水平差距将呈扩大趋势，到2020年左右，巴西、中国和俄罗斯进入高收入国家的初级阶段，南非和印度仍保持中等收入和中低收入水平。同时金砖五国城市化率存在较大的差别（见表5），从印度的32.4%到巴西的84.2%，表明金砖五国仍有较大的合作空间。从技术创新能力来看，中国和印度的创新效率排名高于总排名（见表6），尤其是中国创新效率排名居世界第3位，相比之下，其他金砖国家创新效率排名靠世界中后水平，甚至像南非和巴西这样的国家排名居世界落后水平，这意味着，不仅南非和巴西自身未来发展潜力受到限制，而且在现有结构不发生改变的情况下，将会继续增大金砖国家内部发展的不平衡性。

表6　2017年世界创新指数

国家	总排名	效率排名	国家	总排名	效率排名
瑞士	1	2	爱尔兰	10	6
瑞典	2	12	韩国	11	14
荷兰	3	4	日本	14	49
美国	4	21	中国	22	3
英国	5	20	俄罗斯	45	75
丹麦	6	34	南非	57	97
新加坡	7	63	印度	60	53
芬兰	8	37	巴西	69	99
德国	9	7			

资料来源：The Global Innovation Index 2017, WIPO.

第五，金砖五国未来发展潜力巨大。进入20世纪90年代以来，金砖五国经济增长率高于同期世界水平，也高于同期发展中国家和发达国家水平以及其他分组水平（见表7）。未来金砖国家将继续保持优于其他国家或地区的经济增长水平。

表7   1992～2016年金砖五国GDP增长率

单位：%

	1992～1995年	1995～2000年	2000～2005年	2005～2010年	2010～2015年	2016年
世界	2.6	3.4	2.9	1.9	2.5	3.1
发展中国家	5.2	4.3	5.4	5.9	4.7	
转型国家	-9.9	1.5	6.6	3.6	1.7	
发达国家	2.4	3.2	2.1	0.5	1.5	1.7
G7	2.3	3.0	2.0	0.2	1.6	1.5
美国	3.3	4.4	2.6	0.4	2.1	1.6
欧盟	1.9	3.0	1.8	0.5	0.9	2.0
BRICS	**4.0**	**4.8**	**7.0**	**8.0**	**5.7**	
巴西	5.1	1.7	2.8	4.3	0.5	-3.6
中国	12.7	8.5	9.8	11.2	7.8	6.7
印度	6.8	5.8	7.0	7.9	6.7	6.8
俄罗斯	-9.0	1.2	6.2	3.1	1.3	0.3
南非	2.6	2.5	3.8	2.9	2.1	-0.2

资料来源：联合国贸发会（UNCTAD）。

二　金砖国家合作的现状及其特点

金砖国家尽管各具特色，但有一个共同的基本特征是均为地区性大国，对所在地区发挥着建设性作用。这种经济与政治地位所产生的影响力使得金砖国家成为全球治理体系中的中坚力量，成为改变世界经济与政治发展的不平衡性、差异性的依托力量。长期以来世界政治经济的主导力量集中于欧美国家，发展中国家从既定的世界经济政治体系中获得的发展机会有限。随着金砖国家概念的出现，传统的世界政治经济秩序正在朝新的方向变化，争取更多的外部环境支持和创造新的内生合作机制构成金砖国家合作动力的起点。

从2006年第一届峰会召开至今，金砖国家已走过10个年头，从议题设计、机制化建设到践行实质性合作，金砖国家取得了不小的业绩。

表8列举了金砖国家在过去峰会上讨论的主要议题和取得的主要成果。金砖国家合作的主要特点如下。

表8　历次金砖国家峰会合作的内容

时间	地点	议题/主题	成果
2009年6月	俄罗斯,叶卡捷琳堡	国际形势、二十国集团领导人峰会、国际金融机构改革、粮食安全、能源安全、气候变化、金砖国家对话合作未来发展方向等。	发表《金砖国家领导人叶卡捷琳堡会晤联合声明》,核准《金砖国家关于全球粮食安全的联合声明》。
2010年4月	巴西,巴西利亚	国际形势、国际金融危机、二十国集团事务、气候变化等重要议题,商定推动金砖四国合作协调的具体举措。	发表《金砖国家领导人第二次正式会晤联合声明》,巴西还举办了四国企业家论坛、银行联合体、合作社论坛、智库会议等配套活动。
2011年4月	中国,三亚	国际形势、国际经济金融、发展、金砖国家合作四大项议题。	发表《三亚宣言》及其行动计划,南非作为新成员亮相,中方还平行举办了金砖国家智库会议、金砖国家银行合作机制年会暨金融论坛、金砖国家工商论坛和金砖国家经贸部长会议等四场配套活动。
2012年3月	印度,新德里	围绕"金砖国家致力于全球稳定、安全和繁荣的伙伴关系"的主题,探讨全球治理和可持续发展两大议题。	发表《德里宣言》及其行动计划,探讨了成立金砖国家开发银行的可能性,签署《金砖国家银行合作机制多边本币授信总协议》和《多边信用证保兑服务协议》。
2013年3月	南非,德班	围绕"金砖国家与非洲:致力于发展、一体化和工业化的伙伴关系"主题,探讨世界经济形势、全球经济治理、金砖国家合作、加强与非洲国家合作等。	金砖国家第一轮领导人会晤的收官之作,通过了《德班宣言》及行动计划,签署多项合作文件,决定设立金砖国家开发银行、应急储备安排,宣布成立金砖国家工商理事会和智库理事会。
2014年7月	巴西,福塔莱萨	主题为"包容性增长的可持续解决方案",就金砖国家未来合作规划、当前国际政治经济领域重大问题等深入交换了意见。	金砖国家第二轮领导人会晤的开局之作,发表《福塔莱萨宣言》及其行动计划,五位领导人见证签署成立金砖国家开发银行和应急储备安排的协议。
2015年7月	俄罗斯,乌法	围绕"金砖国家伙伴关系——全球发展的强有力因素"主题,就全球政治经济领域重大问题以及金砖国家合作深入交换了意见。	发表了《乌法宣言》及其行动计划,通过了《金砖国家经济伙伴战略》等纲领性文件。

时间	地点	议题/主题	成果
2016 年 10 月	印度，果阿	主题为"打造有效、包容、共同的解决方案"。	发表《果阿宣言》，签署多项合作文件，承诺共同打击国际恐怖主义和避税、洗钱等经济犯罪。

资料来源：韩一元：《金砖国家合作发展历程与展望》，《国际研究参考》2016 年第 11 期。

第一，金砖国家合作的坚定性。尽管在过去的 10 年里，金砖国家被各种言论所包围，如"褪色论"等，但是金砖国家"十年磨一剑"，一步一个脚印地不断推动合作走深走实。在理念上坚持发展优先，致力于集中精力发展经济、改善民生；在原则上坚持开放包容合作共赢，致力于构建全方位、多层次的合作架构和机制；在道义上秉持国际公平正义，致力于重大国际和地区问题上共同发声、仗义执言。目前，金砖国家已经发展成为具有重要影响的国际机制，较大程度地推进全球经济治理改革进程和提升新兴市场国家与发展中国家的代表性和发言权。① 正如习主席 2014 年 7 月 15 日在巴西福塔莱萨出席金砖国家领导人第六次会晤时讲话中指出的，"金砖国家在许多重大国际和地区问题上共同发声、贡献力量，致力于推动世界经济增长、完善全球经济治理、推动国际关系民主化，成为国际关系中的重要力量和国际体系的积极建设者"。

第二，金砖国家正在迈向机制化。自中国、俄罗斯、印度、巴西四国领导人于 2009 年 6 月举行首次会晤以来，金砖组织已经实现了从经济学虚拟概念向国际合作平台的实质性转化。现今金砖国家组织成员来自亚、欧、非、美四大洲，总共包含 28 个合作机制，其中部级 14 个、高官层次工作组 9 个、其他领域 5 个，形成覆盖首脑峰会、财金专员、青年外交官、媒体代表多个层次级别，关涉经济学家、民间人士、政府职员以及社会团体、行政部门等不同行业单位和组别领域，结成多轨道、宽领域、深层次的利益联合体。金砖国家推动建立了新开发银行和

---

① 牛海彬，《金砖国家合作的评估与前瞻》，《华东师范大学学报》2013 年第 4 期。

应急基金储备安排，并随着两大多边金融机构渐次落成和投入运营逐步就位，有力地补充、完善布雷顿森林体系下的多边合作机制和国际开发组织。特别是金砖国家领导人会晤机制的建立和运营，不仅有助于这些国家通过以"合纵联建"的方式提升影响力和凝聚力，而且为更多的发展中国家在参与全球治理中统一观点、认识提供了协调机会和交流场合。

第三，金砖国家合作的领域具有多样性。目前已涉及的有经贸、财政、金融、农业、教育、卫生、科技、文化、禁毒、统计、旅游、智库、友城、地方政府合作等数十个领域。这些领域反映了金砖国家及其背后所代表的地区利益、发展中国家利益。当然，在现有的合作基础及合作动力的前提下，金砖国家往往不能顾及所有合作领域，只能有所取舍，这导致各合作领域进展并非整齐划一，有的已有长足进展，而有的进展不大。大致说来，金砖国家在金融领域取得的机制化进展较大，这起源于金砖国家对抗击全球风险，特别是金融风险的高度认知的一致性，[1] 通过自身努力来应对外部环境给金砖国家乃至发展中国家带来的发展风险，同时也在通过自我构建新机制的做法赢得发展机会。另外，金砖国家合作的目的具有多重性，这也导致金砖国家合作领域难以取得一致性进展。作为地区性大国，甚至世界性大国，金砖国家的这一特殊身份决定了金砖国家合作目的具有多重性，一是满足自身的经济与政治发展的利益诉求。二是代表所在地区，为地区成员的经济与社会发展诉诸国际社会，三是代表发展中国家，为发展中国家争取更大的国际发展空间。正是这种多重的目的性，往往决定了金砖国家合作的复杂性。当三个目标高度一致的时候，金砖国家往往在合作方面推进得更快，但是如果五国在某个合作目标之下难以达成共识的时候，则合作难度也将明显提高。

---

[1]　金砖国家金融合作表明合作有利于推进全球经济治理体系的完善。参见徐超《金砖国家的金融合作：动因、影响及前景》，《国外理论动态》2015 年第12 期。

三 金砖国家合作面临的主要问题

金砖国家面临的主要问题在内部，而非外部，或者说不主要表现在外部。

第一，金砖国家还在进行方向性的探索，合作的目标和方向尚需要进一步明晰，这导致金砖国家合作的不确定性。当前，世界经济复苏势头仍然脆弱，全球贸易和投资低迷，大宗商品价格持续波动，引发国际金融危机的深层次矛盾远未解决。一些国家政策内顾倾向加重，保护主义抬头，"逆全球化"思潮暗流涌动。地缘政治因素错综复杂，传统和非传统安全风险相互交织，恐怖主义、传染性疾病、气候变化等全球性挑战更加凸显。金砖国家发展面临着复杂、严峻的外部环境。在这种背景下，金砖国家在下一个10年合作中应该如何定位，如何打造开放的世界，是亟待解决的问题。

第二，金砖国家对合作资源的投入有限性与当前要解决的问题复杂性之间难以做到协调一致。一方面，一些世界性难题已经摆在金砖国家面前，如怎样发挥各自比较优势，加强相互经济合作，培育全球大市场、完善全球价值链？怎样坚持包容精神，推动不同社会制度互容、不同文化文明互鉴、不同发展模式互惠？怎样坚持合作精神，照顾彼此关切，携手为各国经济谋求增长，为完善全球治理提供动力？怎样坚持共赢精神，在追求本国利益的同时兼顾别国利益，做到惠本国、利天下，推动走出一条大国合作共赢、良性互动的路子？这些世界性难题是金砖国家必须面对且需要解决的课题，另一方面，金砖国家经济实力还没有达到足以应对世界性难题的程度。从资金投入以及其他合作资源的投入来看，金砖国家距离解决这些难题仍有一段距离。

第三，金砖国家的溢出效应主要集中在各国所在地区，而非五国之间以及世界，因此，金砖国家的影响力与投入存在不相匹配的问题，这使得金砖国家对推动自身合作缺乏足够的动力。从图1和图2可以看出，金砖国家贸易产品的集中度指数和地区分散度指数更类似发展中国家水平，仍亟待向发达国家转型，一方面要使产品走向多元化，降低集中度指数，另一方面需要降低地区分散度指数，将其影响向世界其他地区扩散，唯其如此，才能对世界产生显著性影响，金砖国家也才有动力，在世界性难题方面加大步调的一致性。

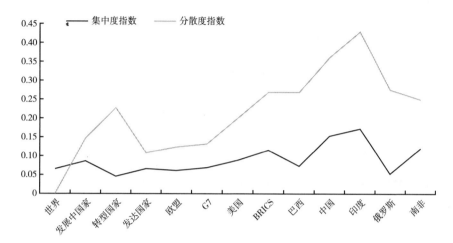

图 1　2015 年世界主要地区和国家产品进口集中度指数和地区分散化指数

资料来源：联合国贸发会（UNCTAD）。

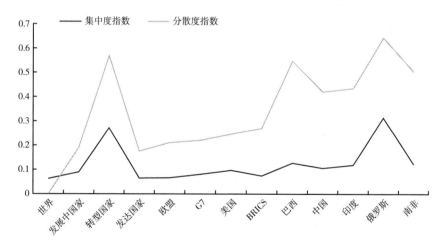

图 2　2015 年世界主要地区和国家产品出口集中度指数和地区分散化指数

资料来源：联合国贸发会（UNCTAD）。

第四，尽快在全球治理方向和规则上达成于发展中国家有利的国际治理体系。目前金砖国家在积极致力于改造现有的国际体系，但是到底什么样的国际治理体系符合金砖国家的发展要求？金砖国家该如何调整现有的国际体系？在今后的发展过程中，如何共同提升新兴市场国家在全球经济治理中的代表性和发言权、推动落实国际货币基金组织份额改革决定、制定反映各国经济总量在世界经济中权重的新份额公式？如何实现政治和经济"双轮"驱动，既做世界经济动力的引擎，又做国际和平之盾？如何以史为鉴，摒弃冷战思维，拒绝零和博弈，共同维护地区和世界和平稳定？如何加强南南合作，帮助其他发展中国家增强发展能力，让他们搭上金砖国家发展快车？等等。这些课题的解决与其自身定位息息相关。早在 2014 年 7 月，习近平主席在出席金砖国家领导人第六次会晤前夕接受拉美媒体联合采访时就指出，"金砖国家合作不是独善其身，而是致力于同世界各国共同发展。只要金砖国家增进政治互信，凝聚战略共识，发出更多声音，提出更多方案，就能够为推动世界经济增长、完善全球经济治理、促进世界和平与发展贡献更多正能量"。在 16 日的重要讲话中，习近平主席就此做出了进一步阐述，金砖国家必须要"加强宏观经济政策协调，以推进经贸大市场、金融大流通、基础设施大联通、人文大交流为抓手，走向国际开放合作最前沿，在国际舞台上积极发挥引领作用"①。

第五，金砖五国之间战略信任瓶颈尚未突破，在诸多合作领域尚未有实质性进展。金砖国家特别是部分国家之间缺乏战略互信，成为金砖国家协调一致发挥影响力的主要障碍。一些研究表明，金砖国家在全球经济中的影响力远未匹配其经济实力。因此，未来构筑金砖国家伙伴关系，不仅是自身发展的需要，也是共同发声的需要。习近平主席指出，以深厚的感情将金砖国家关系定位为"是真诚相待的好朋友、好兄弟、好伙伴"，并将不断深化友谊和合作，提出"要以落实《金砖国家经济伙伴战略》为契机，深化拓展各领域经济合作，提升金砖国家整体竞争力。我们要把金砖国家新开发银行和应急储备安排这两个机制建设好、维护好、发展好，为发展中国家经济发展提供有力

---

① 新华社：《习近平在金砖国家领导人第八次会晤上的讲话》，2016 年 10 月 17 日 07：28：08。

保障。我们要加强人文交流，促进民心相通，夯实金砖国家合作的民意基础。我们要继续扩大和巩固金砖国家'朋友圈'，保持开放、包容，谋求共同发展"①。

四　金砖国家未来合作走向

基于上述讨论，未来金砖国家合作走向将呈现以下几个趋势。

第一，金砖国家需要对自身合作进行再定位，特别是阶段性合作目标的再定位。金砖国家间虽然已有 10 年之久的合作历史，但是一个重要问题始终没有得到明晰的答案，即金砖国家为什么要合作，是为概念而生，还是确有合作的必要。按照常理，共同点越多的国家，合作动力也越大。但是金砖国家国情千差万别，尽管在发展问题上大目标是一致的，但缺乏发展模式的共识。未来的金砖国家如何加强发展模式的相互配合，金砖国家是否在发展战略上实现互补性合作？对以上问题的梳理不仅有利于从内部确定金砖国家的发展目标，也将有利于从外部构建一个完整的金砖国家形象。

第二，保持既定的合作机制。下一个 10 年是金砖国家合作的第二个 10 年，金砖国家现有机制如何发展，未来是否需要注入新的机制内容是每个金砖国家必须考虑的问题。比如金砖国家是否有必要发展为正式的国际组织，是否设立秘书处？是否应该"扩容"？等等。从目前来看，保持既定的合作机制对金砖国家最有益处。首先，在当前利益格局不确定的情况下，盲目走强化机制的道路将导致金砖国家内部矛盾更为突出，进而削弱金砖国家一个声音对外的力量，其次，机制化取决于金砖成员战略互信水平的进一步提升，而在目前金砖国家，尤其是部分成员竞争多于合作的前提下，机制化难以向前推动。最后，机制化可以在一部分领域继续推行，慢慢再扩展到其他领域。因此，机制化建设应该是一个渐进的过程。

第三，推动新的发展模式。当前世界已经进入第四次工业革命阶

---

① 新华社：《习近平在金砖国家领导人第八次会晤上的讲话》，2016 年 10 月 17 日 07：28：08。

段，但是金砖国家基本上都还没有完成前几次工业革命的任务，金砖国家如何协调内部的发展和平衡各自之间的发展差异？对金砖发展模式的探索不仅有助于金砖国家自身的发展，同时也有利于促进金砖国家之间的协调发展，最终为世界共同发展提供合作典范。为此，习主席在讲话中明确提出，金砖国家"要继续高举发展旗帜，结合落实2030年可持续发展议程和二十国集团领导人杭州峰会成果，加强南北对话和南南合作，用新思路、新理念、新举措为国际发展合作注入新动力、开辟新空间，推动全球经济实现强劲、可持续、平衡、包容增长"①。

第四，打造参与世界经济治理的基础力量。公平正义的全球治理，是实现各国共同发展的必要条件。早在2013年3月27日的南非德班金砖国家领导人第五次会晤时，习总书记就在讲话中指出，"我们来自世界四大洲的5个国家，为了构筑伙伴关系、实现共同发展的宏伟目标走到了一起，为了推动国际关系民主化、推进人类和平与发展的崇高事业走到了一起。求和平、谋发展、促合作、图共赢，是我们共同的愿望和责任"。近年来，金砖国家在维护世界公平正义方面取得了巨大成绩，②但是，霸权政治、不公平的国际政治经济秩序，依然束缚着新兴国家和发展中国家追求发展的努力。为此，习主席再次阐述了中国的立场和态度，呼吁"我们要继续做全球治理变革进程的参与者、推动者、引领者，推动国际秩序朝着更加公正合理的方向发展，继续提升新兴市场国家和发展中国家的代表性和发言权。我们要继续做国际和平事业的捍卫者，坚持按照联合国宪章宗旨、原则和国际关系准则，按照事情本身的是非曲直处理问题，释放正能量，推动构建合作共赢的新型国际关系"③。

---

① 新华社：《习近平在金砖国家领导人第八次会晤上的讲话》，2016年10月17日07：28：08。

② 潘兴明、周鹤：《三种维度下的金砖国家关系考察》，《俄罗斯研究》2015年第5期。

③ 新华社：《习近平在金砖国家领导人第八次会晤上的讲话》，2016年10月17日07：28：08。

第五，逐渐在合作中提升战略互信。未来战略互信水平将比以往取得更大的提升。一是合作的结果。战略互信是金砖国家发展与合作的前提，同时金砖国家下一步发展与合作也将进一步推进国家间的战略互信。通过合作有利于消除对彼此的误解和误判，增大互信的力量。二是合作的手段。有时缺乏实现战略的手段也容易导致战略互信不足，为此，有必要通过多种合作渠道、多种合作路径进一步提升战略互信的程度。三是合作的过程。在合作的过程中，金砖国家实现对彼此的了解和底线的把握，这样有助于金砖国家在维护各自的利益前提下，扩大合作的边界。

五　中国对金砖国家合作的推动及展望

当前，金砖国家合作机制正迅速完成从资本市场投资概念到国际政治战略力量的历史性转变，从偏向经济治理、务虚为主的对话论坛向政经并重、虚实结合的全方位协调机制转型。中国愿意进一步加强与金砖国家伙伴关系建设，推动金砖国家成为全球化的坚定支持者，成为开放与合作的坚实力量。

过去十年来，中国积极参与金砖国家合作，包括发出积极的合作倡议、出资参与金砖银行建设、签署各类协议，等等。[①] 未来中国将继续推动金砖国家建设。

一是继续推进全球治理体系，特别是经济治理体系的改革。针对金砖国家面临的全球治理难题，习近平主席倡议，"要加强在重大国际问题以及地区热点上的协调沟通，共同行动，推动热点问题的政治解决，携手应对自然灾害、气候变化、传染病疫情、恐怖主义等全球性问题。既要联合发声，倡导国际社会加大投入，也要采取务实行动，推动解决实际问题，注重标本兼治、综合施策，从根源上化解矛盾，为国际社会实现长治久安作出贡献"[②]。

---

① 赵可金：《中国国际战略中的金砖国家合作》，《国际观察》2014年第3期。

② 新华社：《习近平在金砖国家领导人第八次会晤上的讲话》，2016年10月17日07：28：08。

二是推动金砖国家内部对共同认可的发展模式的协调。发展是金砖五国面临的首要问题，探求新发展模式更是需要五国共同的努力，如今在这方面，五国正在付出努力。中国也将积极致力于对推进共同发展模式的探索。

三是继续高举开放旗帜。古今中外的历史经验证明，开放是实现国家繁荣富强的根本出路。新时期金砖国家要打造世界经济的新增长极，就要继续遵循历史发展的客观规律，顺应当今时代发展潮流，推进结构性改革，创新增长方式，构建开放型经济，旗帜鲜明反对各种形式的保护主义，中国也将不遗余力地继续推进开放进程，为各国发展做出更大的贡献。

四是巩固既有的合作成果。2016年10月16日，习近平主席在印度果阿举行的主题为"打造有效、包容、共同的解决方案"的金砖国家领导人第八次会晤大范围会议上发表了题为《坚定信心，共谋发展》的重要讲话，积极评价金砖国家合作10年取得的丰硕成果，并就加强金砖国家合作提出了五点倡议。有评论指出，习主席的讲话反映了金砖国家坚定信心、提振士气、同舟共济、共克时艰的普遍心声和愿望；标志着面对全球经济的困局，金砖国家完全有能力化挑战为机遇，化压力为动力，以更实际的行动促进合作，继续做世界经济及金融变革的开拓者。

五是积极推进世界和平环境建设。在2016年10月16日印度果阿举行的第八次金砖峰会上，习近平主席指出，"我们要坚定维护国际公平正义，维护世界和平稳定。当今世界并不安宁，各种全球性威胁和挑战层出不穷。金砖国家都热爱和平、珍视和平，让世界上每一个国家都有和平稳定的社会环境，让每一个国家的人民都能安居乐业，是我们的共同愿望"，"求和平、谋发展、促合作、图共赢，是我们共同的愿望和责任"①。

金砖国家既是息息相关的利益共同体，更是携手前行的行动共同

---

① 习近平：《携手合作，共同发展》，《习近平谈治国理政》，外文出版社，2014，第323页。

体。"厦门金砖峰会"确定的"深化金砖伙伴关系，开辟更加光明未来"两大关键词，为金砖合作提供了合作方向与路径。过去 10 年的合作发展历程表明，五个新兴国家有意愿、有能力为未来的合作提供新的动力，同时也有智慧和信心为发展中国家树立合作的典范。

金砖国家面临的机遇与挑战

金砖国家面临的国际环境及政策展望

Roberto Abdenur

巴西国际关系研究中心董事会成员

一　国际背景

当前国际背景使得金砖国家组织变得更加突出和重要。美国创造了二战后所谓的自由国际体系，如联合国、国际货币基金组织和世界银行，但现在却以狭隘、向后看以及民族主义的姿态退缩。

美国新政府的举动使得国际社会对一系列主题产生了更大的担忧。

国际贸易体系处于危机之中，美国采取了保护主义和重商主义的态度，并且似乎决定推翻之前的自由贸易协定，如北美自由贸易协定，并且对德国和中国等在双边贸易上存在较大逆差的国家采取强硬态度。

特朗普总统对欧盟作为一个深入的一体化组织表达了不屑，支持英国脱欧，并且似乎希望其他国家效仿英国，这导致基于美国和欧洲坚实合作的西方国家联盟现在受到损害。同样地，特朗普决定更加重视资金而不是安全承诺也使得北约受到削弱。英国脱欧、反对全球化政治力量的出现以及超民族主义成分的出现使得欧盟的未来不容乐观。

在欧洲，新的极端主义者、仇外的政治力量对开放社会基本理念和原则以及具有前瞻性的一体化项目造成了威胁。承诺自由民主和区域一体化的候选人在荷兰、奥地利和法国等国最近的选举中获胜，但是选举结果同样显示了敌视政治和社会多元化的运动已经上升到一个新的且前所未有的影响力水平。这些势力注定将持续下去，而它们潜藏的威胁不能被忽略。

由叙利亚和其他国家内部冲突造成的大规模移民同样成了欧洲的挑战。这一新的环境对多个国家的社会政治结构造成了毁灭性的影响，新的社会紧张和政治分歧也随之出现。

特朗普总统上周使美国退出《巴黎气候变化协定》的决定要求其他主要国家采取更多的行动来继续应对气候变化。

金砖国家均致力于《巴黎气候变化协定》，努力发展清洁能源，并且减少对化石燃料的依赖。在大力投资风能、太阳能和核能等新型、无碳能源并且取得成功方面，中国已经成为一个典范。

美国新的外交政策从所有层面持续地远离多边参与。由于美国未能按照完善的规则和机制行事，国际贸易体系的主要机制即世界贸易组织正面临着风险。有人甚至担心如果美国退出世界贸易组织，将对基于规则的、开放和透明的国际贸易体系造成极其严重的破坏。

由于美国政府大幅降低针对国际行动的预算，所以在资金和人力资源方面，联合国对重要活动（如维和行动和难民救济）的支持可能也会极大减少。

特朗普决定退出跨太平洋伙伴关系协定是一个适得其反的举动，甚至没有进行最低程度的反馈和分析，这使美国失去了同亚洲建立全新的贸易和投资联系的机会。前总统奥巴马的"重返亚洲"现在缺乏经济支柱。

现在将由亚洲国家通过发起创造性的贸易和经济项目来填补空白。中国已经通过"一带一路"倡议、区域全面经济伙伴关系协定和亚洲基础设施投资银行发挥带头作用。

包括俄罗斯及其邻国的其他倡议将有助于中亚的新发展。同样地，印度是南亚贸易和一体化项目的核心成员。

在亚洲之外，巴西和南非正通过各自的区域一体化计划向前发展。南方共同市场与欧盟的自由贸易谈判正在进行，有望建立跨洲贸易协定。

这些项目将在亚洲和欧洲之间建立新的动态联系，从而将广阔的欧亚大陆更密切地整合在一起。

正如所看到的，在世界大部分地区正发生着深刻的地缘政治变化，这不仅仅是由美国新政府所采取举措而造成的结果。

这些变化为金砖国家组织带来了新的机会，包括内部合作以及国际影响力。这一新情况提供了令人振奋的新的可能性，但同时也涵盖更大的责任。金砖国家组织现在必须捍卫多边主义作为保证全球治理的唯一方式。在这个世界上，越来越多的事务成了国际问题，这一国际组织在应对这些挑战时无法承受被动和分化所造成的代价。

简而言之，美国的长期战略影响力正在减少，其不再在整个世界拥有足够的影响力。因此填补这一空白将取决于其他国家和组织。

二　政策建议

金砖国家组织在较短的时间内有着相当大的转变。成员之间的立场协调对多个国际论坛重要事务的谈判产生了影响，如二十国集团、世界贸易组织、国际货币基金组织和世界银行。

金砖国家已经证实了在达成共同立场上的卓越能力。尽管这一组织没有与其他组织对抗，但是其在主要国际谈判决策机制的背景下为自身带来了较大的潜在利益。

尽管通过成员之间的内部合作实现了一定的进展，包括迄今为止举办的8次峰会，以及创建多个工作组、研讨会和其他形式的对话，但是为了推动共同发展还需要做出更大努力。金砖国家间的互动仍然欠佳。

有趣的一点是，该组织的内部动态发展已经产生了更多的倡议，但是迄今为止各国社会的互动还处于较低水平。虽然在学术、商业和外交层面取得了重大进展，但是相互了解和理解的总体水平还是较低的。金砖国家的民间联系仍然较少。

中国与其他金砖国家成员有着较高程度的贸易和投资水平，但是金砖国家组织之间的贸易水平仍然较低。免签证协定推动了旅游业发展，但是仍缺乏一些旨在推动人与人联系的倡议。

考虑到金砖国家的经济发展，所有五个成员面临着一个共同挑战：克服所谓中等收入陷阱的困境。经济快速发展和城镇化确保了金砖国家成功地完成经济发展的早期阶段。但是历史表明，很少有发展中国家能够成为真正发达、先进的高收入经济体。尽管各国经济发展面临着不同的挑战，但所有的金砖国家都有避免陷入中等收入陷阱的措施。需要明确的一点是，如果金砖国家从整体上扩大贸易、投资和公共政策合作，那么这一任务会更具可行性。金砖国家组织可以在推动各国发展上发挥重要作用。

在金砖国家决策上的一系列具体建议如下。

中国已经成功地发起创建了亚洲基础设施投资银行，从而极大地增加了基础设施建设所必需的资源。到2030年，为了避免发展遇到主要障碍，仅亚洲就需要26万亿美元用于基础设施建设。亚洲基础设施投资银行与世界银行及多个区域发展银行合作是有意义的。对于巴西而言，在项目融资上，亚洲基础设施投资银行最好与美洲银行和安第斯开发协会合作。亚洲基础设施投资银行与主要国家的发展银行合作也是明智的，如巴西国家社会经济发展银行。所有金砖国家的公司最好有机会参与到第三国实施的项目中。

中国发起的另一个极其重要的倡议是"一带一路"项目，涉及庞大的投资规模。如果"一带一路"倡议对其他金砖国家开放，那么这将是一件很好的事情。

区域全面经济伙伴关系协定仍然处于进展之中，其最好能够与其他的区域一体化组织形成某些形式上的联系，如南美洲的南方共同市场。

另一个成功的倡议是新开发银行，这一组织注定将在金砖国家合作和共同行动中发挥重要作用。其在重视基础设施融资的同时不应该忽略对解决贫困和环境问题的关注，这对所有成员和第三国都极其重要。

《果阿宣言》指出，金砖国家"在世界向更加公平、民主和多极化世界秩序转变中，对持续的深刻变化有着共同的理念"。尽管实际上确实变得更加多极化，但当前的国际背景似乎并没有向更加公平和民主的秩序转变。新的进展如英国脱欧、特朗普当选为美国总统以及欧洲的民族主义倾向，都导致相关国家更加向内看和倾向于保护主义。与此同时，即使世界并没有去全球化，但全球化在减弱却是事实，这对新兴国家和发展中国家不利。因此，对于金砖国家而言，重要的是在支持全球化和自由贸易方面增强自己的声音，并且反对更强大国家的贸易保护主义。同时，金砖国家应该共同反对单边立场，捍卫世界贸易组织作为基于规则、开放、透明和非歧视多边贸易体系的基石，而发展则是其核心。

金砖国家认为发展与安全密切相关，并且是支持全球持久和平的决定性力量。金砖国家一直在联合国维和行动中发挥着积极作用，因此它们最好发起旨在分享维和经验并且实现最优能力的倡议。这将是金砖国家进行协调与合作的新领域，以增强它们在主要国际安全事务上的声音。同样，金砖国家应该继续参与到联合国改革和安理会扩常的努力中，使得后者更加有效、更具代表性。

金砖国家应该积极支持二十国集团杭州峰会决定的《二十国集团落实 2030 年可持续发展议程行动计划》，将它们的支持扩展到欠发达国家、贫穷国家，尤其是非洲。这与金砖国家打击贫困和不平等的广泛承诺是一致的，从而为国际发展合作寻求更加包容的方式。金砖国家应该继续协调二十国集团的关注事项，包括改善全球治理、减少发达国家和发展中国家之间的不对称。

人民币被纳入国际货币基金组织特别提款权篮子是受欢迎的，如果人民币得到更广泛的使用，不仅仅是在同中国的贸易中，同时还包括在其他金砖国家成员之间的贸易中，那么这将是一个更好的发展。

金砖国家是技术合作的捐赠方。这些国家的相关机构应该与其他致力于同第三国进行技术合作的实体加强合作。特别需要注意的是，在与欠发达国家、贫穷国家尤其是非洲国家的合作中，农业应该成为重点关注项目。

腐败是金砖国家需要面对的一个主要事项，也是所有国家面临的一个严重问题。因此金砖国家政府应该在经验共享、最佳实践、收复通过腐败和储存在其他金砖国家金融机构中的资产方面积极合作。建立金砖国家反腐工作组是一个非常积极的步骤，这一工作组有望加强金砖国家在腐败事项上的合作。

为了促进这一组织的贸易发展，即使是基于有限的基础（即不足以达成全方位的自由贸易协定），金砖国家也要就贸易协定进行协商。不仅如此，即使没有这些协定，金砖国家政府也应该在特定基础上努力减少或者消除该组织内部的具体贸易障碍。

智库对话和学术论坛已经成为增强金砖国家社会交流的强有力工具，智库同样有助于明确加强协调与合作的方式，并且加强与该组织进行相关事务的研究和分析。智库之间的联系应该在该组织活动中占据重要地位。

最后，最近一次峰会声明即《果阿宣言》超过一百个段落，覆盖了很多主题，这似乎有些过多。未来的会议最好集中在较少的主题上，这样才能够更加集中，并且对主要事项有更大的关注。

金砖国家和不断变化的国际体系

Alexander Lukin

俄罗斯外交部莫斯科国立国际关系学院东亚与上海合作组织研究中心主任

20 世纪 90 年代初，苏联的解体使得长期存在的以两个权力中心对峙为基础的国际关系体系发生了根本变化。一些研究者指出，即使回到苏联时代，随着各地区领导国实力的增强，世界向多极化趋势发展，苏联的突然解体也会为世界格局留下权力真空。尽管许多国家，甚至西方世界以外的国家，都不喜欢苏联甚至对其进行批评，但是苏联的解体仍让许多国家，尤其是较大的国家担心会面临某种威胁。首先，这种威胁源于两极格局终结造成的国际形势不稳定，而这种两极格局在一定程度上保证了国际秩序；其次，这种威胁源于剩下的权力中心（现在不受任何外部制衡）可能会损害别国的利益。

因此，当美国在庆祝"冷战"胜利以及弗朗西斯·福山（Francis Fukuyama）宣称"历史的终结"时，中国、印度、巴西以及亚洲、非洲和南美洲的许多其他国家认为发展局势充满不稳定性。如果美国表现出克制，那么随后的事件发展可能会有所不同，但在比尔·克林顿（Bill Clinton）以及更大程度上乔治·沃克·布什（George W. Bush）的领导下，华盛顿着手确保"冷战"取得胜利并且实现美国在世界上的领导地位。欧洲既不能也不会追求独立进程，并且会一如既往地与华盛顿的政策保持一致。

在这种情况下，对此心怀不满的国家已经开始在彼此间建立合作关系。这种合作最初并不是针对西方国家，因为在这一进程中的所有参与者很大程度上依赖于西方体系，并重视其与西方国家的合作。然而，就那些在西方主导的新世界中其不满意的方面，这些国家正在寻求方法以协调立场。这种强烈追求促使那些不包括西方国家在内的机构和集团得以创建或壮大：东南亚国家联盟（ASEAN）和各种形式的合作努力，如上海合作组织（SCO）、拉美和加勒比国家共同体（CELAC）以及金砖国家（BRICS）。

在这些集团中，金砖国家（非正式组织）吸引了世界最多的关注。这主要基于以下几个原因：第一，金砖国家聚集了最大、最有影响力的非西方国家；第二，金砖国家不是一个区域性集团，而是一个全球性集团，宣称代表整个"南方国家"，或者更广泛地代表整个非西方世界；第三，金砖国家积极提出自己的倡议以作为用于管理全球经济和政治秩序的西方国家项目的替代方案。

有趣的是，虽然金砖国家（原为金砖四国）借用了美国高盛公司经济学家吉姆·奥尼尔（Jim O'Neil）提出的名字，但实际上该集团以一种非常不同的方式进行发展。金砖国家合作的基础不是经济相似性，而是地缘政治相似性。从该集团的创建过程中可以清晰地看出这一点。金砖国家分阶段确定了其现有形态，其吸纳代表着不同大洲的主要非西方国家加入，这些国家在各大洲分别处于领导地位。可以从中俄长达20年基于共同地缘政治利益的友好关系中看出该集团的起源。如果没有这一基础，那么金砖国家很难被创建。后来，中印俄三国（RIC）合作模式出现，这意味着印度也加入了该进程。通过吸纳巴西，中印俄三国变为金砖四国（BRIC）（虽然形式上中印俄三国仍然存在，但在金砖四国出现之后其作用变得弱化）。在南非被吸纳进该集团后，完成了最后一步，即把金砖四国变成金砖五国。

通过对世界工作进程提出意见，金砖国家获得了地缘政治重要性。金砖国家的主要议题之一是改革全球经济的必要性。金砖国家成员强烈建议提升非西方国家在国际金融机构中的代表性，但它们遭到传统全球金融治理国的强烈抵制。在尝试改革世界银行和国际货币基金组织以及使自身处于更平等地位方面，金砖国家感到失望，这促使该集团创建自己的开发银行和外汇储备池。虽然这些机构可能不会全面代替现有的国际金融机构，但它们会有助于纠正现有国际金融机构亲西方的偏好，并且在非西方国家为金融发展选择资金来源或遭受严重金融危机之时为其提供一种选择。

因此，全球金融体系的改革是金砖国家四大战略利益中最重要的一环。金砖国家的其他目标包括加强联合国安理会在国际体系中的核心作用，充分利用成员经济的互补性以加速经济发展，以及促使这些国家的社会领域和经济生活实现现代化。如我们所看到的那样，这些目标中只有一些在本质上是纯经济性的。

最近的国际事件（尤其是乌克兰危机、美国在南海的政策、黑山共和国加入北约）都表明，尽管特朗普上台，但西方国家将继续且比以往任何时候都更加努力地建立一个单极世界模式，这一模式把越来越多的追随者纳入其外交政策势力范围并要求这些国家在国外和国内政策方面与之具有一致性，这使得这些追随者遵守西方国家所谓的"国际"甚至"普世"标准。许多非西方世界国家认为这种做法是一种新的殖民主义浪潮，这种浪潮将"民主"这一意识形态标语替换为"更先进的文化"这一标语，但该标语与之前的标语有着同样的方法论和目标。当然，这种情况只会增加非西方世界国家加强相互协调的欲望。

金砖国家聚集了迥然不同的国家，它们与西方国家的分歧有着不同的历史和政治基础。但它们的共同点并不在于与西方国家产生分歧，而在于它们的独特存在和抗拒任何形式的勒令的坚强意志。对金砖国家而言，联合的"北方国家"这时候批评某一金砖成员将加强金砖国家的团结。

金砖国家提出了一种处理国际关系的新方法。各国对这种方法有着不同的称谓，但理念是非常相似的。在俄罗斯，这种方法表现为"多极世界"或者"多中心世界"这样的概念，在中国，其表现为"和而不同"（创造和谐的同时保持多样性）的思想，印度将这种方法理解为"合作多元化"和"在多元化下的统一"，巴西外交政策将其定义为"疏离型自主"、"参与型自主"和"多元化自主"。这些都表达了一种相似的世界观，即世界不应该由一种力量或一种思想支配，而是由许多相互合作且彼此尊重的国家来支配。

西方国家暂停俄罗斯筹办八国集团会议活动，以此作为对俄罗斯进行制裁的方式之一，这加剧了二十国集团内部两极化的形成。虽然之前俄罗斯作为八国集团和二十国集团成员的身份可能会缓解分歧，但是现在二十国集团内部出现了明显的两极化：即由西方国家构成的七国集团以及以金砖国家为代表的世界其他地区。

乌克兰危机只会让金砖国家进一步加强联合。金砖国家正在朝着正确的方向前进，并且应该加强各成员行动的协调性以替代西方国家主导下的单极世界。金砖国家的行动将大大有助于建立一个真正多极化的世界。

就俄罗斯而言，其对金砖国家框架下的合作有着很大的兴趣。这不仅是因为莫斯科正在寻求支持以同西方国家展开对抗，更深层次的原因是，俄罗斯与西方国家之间的互信已经不复存在，西方国家对俄罗斯的制裁和试图通过经济杠杆向俄罗斯施加政治压力的做法，以及俄罗斯的回应都推动了俄罗斯转向非西方国家的进程，而这一进程在当前经济危机爆发之前就已开始。鉴于在可预见的未来，西方对俄制裁不可能消除，亚洲和南美洲国家将会逐渐取代欧洲，成为俄罗斯许多商品（特别是食品和农产品）的出口目的地。俄罗斯的石油和天然气出口正在逐渐转向中国和亚太地区。俄罗斯的政治精英们开始意识到，如果不与亚洲邻国开展合作，俄罗斯就无法实现发展西伯利亚和远东地区的战略目标。总的来说，欧洲和美国开始被俄罗斯视为不可靠的合作伙伴，这些国家可以随时为了政治利益切断其与俄罗斯的经济联系。因此，除了意识形态之外，客观环境和经济利益也迫使俄罗斯将注意力转向欧美以外的其他地区。更为重要的是，与这些地区的国家（如金砖国家成员）在经济和政治领域开展更深层次的合作，将成为俄罗斯外交政策的重点。

金砖国家在全球化背景下的作用和地位

Boris Guseletov

俄罗斯科学院欧洲研究所高级研究员

金砖国家为建立一个以拥有平等资金来源和贸易市场为基础的新经济体系做出了贡献。这些国家有很大的潜力成为拥有政治经济影响力的新一极,且不受地缘政治影响,从而将其社会模式和政治标准施加于他国。金砖国家在讨论国际政治和世界经济问题方面占有重要地位。巴西、俄罗斯、印度、中国和南非对这一集团中的动态经济合作感兴趣。

一　金砖国家的特征

金砖国家是一个国际性的国家集团,包括巴西、俄罗斯、印度、中国和南非共和国。金砖国家的形成反映了国际关系多极体系形成的趋势和成员经济相互依存度增长的趋势。金砖国家是全球经济发展的主要驱动力之一。首先,这些国家合作的先决条件是具有进一步发展的高潜力以及具有整合现有资源以便在国际舞台上发挥更大作用的共同愿望。

最初,金砖国家集团成立的目的是政治互动,并没有考虑到成员之间的经济合作。然而,该集团的发展表明,成员之间的互动并不只局限于政治领域。目前,金砖国家正在积极发展经济、金融和贸易领域的合作。

共同目标和长远利益也有助于金砖国家的发展。首先,该集团成员就加强自身地位并成为世界舞台上的正式参与者而努力。在俄罗斯和美国之间的"冷战"结束之际,巴西、俄罗斯、印度和中国政府开始进行经济和政治改革，以使它们的国家达到一个新的发展水平。为了更具竞争力，这些国家同时着眼于教育，以此吸引外资、刺激国内消费和创业活动。

今天，金砖国家是世界上增长最快的经济体之一。金砖国家雄心勃勃是有原因的：金砖国家约占全球土地面积的 26%、全球人口的 43%、世界贸易的 15%，全球小麦产量的 40%、猪肉产量的 50%、家禽和牛肉产量的 30%，农业用地的 32%。俄罗斯、中国和印度拥有 5190 枚核弹头。过去 10 年，它们的经济增长了 4.2 倍（而发达国家的经济增长率只有 61%）。

此外，应当指出的是，金砖国家的名义国内生产总值约占全球名义国内生产总值的 18.5%（包括购买力平价 26.7%）。

表 1 基于 2011～2012 年全球竞争力指数编译，显示所研究的 5 个国家在不同类别中所处的位置。

表 1　金砖国家在不同活动领域中的作用

分类	巴西	俄罗斯	印度	中国	南非共和国
领土	5	1	7	3	25
人口	5	9	2	1	25
名义国内生产总值	7	8	10	2	28
出口	18	11	16	1	36
进口	20	17	11	2	34
黄金及货币储备	7	3	6	1	33
武装部队数量	14	5	3	1	59
互联网用户数量	5	7	4	1	44

资料来源：《2011～2012 年全球竞争力指数》。

许多著名的经济学家对关于金砖国家未来潜力的研究感兴趣，因为这些研究乐观地预测了金砖国家未来的发展以及与发达国家的互动。例如，高盛分析师吉姆·奥尼尔（Jim O'Neill）在其关于金砖国家的文章中写道，即使是最乐观的预测也没有预料到这些国家的经济增长是如此的迅速和显著。如果说美国和日本在 20 世纪末是世界经济发展的主要来源，那么在 21 世纪金砖国家将取而代之。

根据世界银行的预测，预计到 2025 年，金砖国家的经济实力将相当于六大经济体实力总和的一半，到 2040 年将超过六大经济体。

2014 年夏天在福塔雷萨和巴西利亚举行的金砖国家峰会上，巴西、俄罗斯、印度、中国和南非代表发展中国家表示，当前的跨国交流与合作体系已不再适应 21 世纪的新挑战和需求，并表示它们愿意作为新世界秩序的基础。

二 金砖国家集团发展的地缘政治优先事项

今天，该集团的活动更加偏向政治化。其成员坚持一个共同的观点，即世界需要存在几个主要权力中心。从这一点出发，它们打算就美国政策创建一个平衡点。重要的是，俄罗斯和中国在这个问题上的立场相同。

自 2009 年成立以来，该集团持续加强在国际舞台上的影响力，考虑到集团所确定的任务和目标，其认为有必要将非洲的国家也纳入其中。在金砖四国第三次首脑会议上，南非共和国加入这个集团，这无疑增加了所有成员的实力。就国内生产总值和直接投资而言，南非是非洲国家的领导者，还拥有各种各样的自然资源。此外，南非是唯一属于二十国集团的非洲国家。据南非国际关系与合作部部长介绍，"金砖国家在加强发展中国家对全球政治、经济和金融结构变化的影响方面可以发挥决定性作用。它被要求更加致力于公平和平衡。在美国和欧洲经济衰退的背景下，金砖国家集结了地球上最具活力的发展中国家"。

金砖国家的政治影响力是由今天的事实所决定的，即其成员也是各种组织的成员。巴西、印度、中国、南非和墨西哥都是七国集团的合作伙伴。所有金砖国家都是二十国集团的成员。俄罗斯和中国是上海合作组织（SCO）框架的合作伙伴。巴西是南方共同市场的成员。

对于外交政策和对外经济关系的发展而言，金砖国家有着不同的优先事项。例如，如果俄罗斯是欧盟（约占全球对外贸易总额的 48%）优先的经济贸易合作伙伴之一，那么中国就会有兴趣发展与亚洲－太平洋地区、南亚地区的印度、西半球的巴西，特别是美国和拉丁美洲国家的关系。

除了提升在经济和政治舞台上的地位之外，金砖国家还表示希望加强其在国际组织中的地位，如联合国（UN）、经济合作与发展组织（OECD）和国际货币基金组织（IMF）。

就经济合作与发展组织而言，目前金砖国家中没有一个国家是其成员。所有五个金砖国家都参与了加入该组织的谈判。不过，经济合作与发展组织预测未来巴西、俄罗斯、印度、中国和南非的经济发展将会放缓，这显著降低了这些国家对该组织的吸引力。

在与国际货币基金组织合作的框架下，金砖国家对选票的分配感到不满，并要求对选票配额进行审查。毕竟，众所周知，目前美国在国际货币基金组织中拥有最多投票权，即17%。欧洲国家约有三分之一的选票。在南非加入并重新审查配额后，金砖国家的总配额增加到14.799%，只有0.2%的选票在封存之前丢失。

因此，可以说，金砖国家的互动是多边的，影响着各个领域。特别是如上所述，金砖国家成功合作，加强了它们在国际货币基金组织、联合国和经济合作与发展组织等主要国际组织中的影响力。此外，金砖国家尽一切可能减少对世界主要经济体（如美国和欧盟）的依赖。最有效的方法之一是使用本国货币进行跨国经营，以及在未来创造一个单一的超国家货币。

总的来说，这些国家在构想项目的实施方面进一步积极合作，将巩固该集团的现有地位，甚至在今后增加其在世界舞台上的政治和经济影响力。

三　金砖国家发展和内部互动的主要问题

金砖国家内部的合作并不均衡，因为巴西、俄罗斯、印度、中国和南非之间存在很多差异，不仅经济上存在差异，政治和文化上也如此。此外，金砖国家内部的金融体系也存在显著差异：中国和印度的金融体系比俄罗斯、巴西和南非更为封闭，这使得金砖国家难以制定统一的经济活动方案。

针对上述差异，再考虑到地理因素，这可能会对该集团的进一步发展产生不利影响。金砖国家成员位于三大洲，它们间的距离使得物流领域存在一定困难，这使国与国之间的贸易流程严重复杂化。

除了上述问题，各成员对世界体系的进一步发展有不同看法，这为金砖国家的未来带来了更大的不确定性。金砖国家成员在一些问题上是战略竞争对手，这一事实引发了它们间基本的兼容性问题。例如，俄罗斯和印度是中国在亚洲地区获得统治地位的潜在障碍。

此外，金砖国家内部指标存在不对称性。现在，最重要的问题之一是人口问题。中国和印度人口过剩，而俄罗斯特别是南非恰恰相反，它们的人口不足。只是近几年来，印度和中国的出生率并没有远远超过死亡率。

全球金融危机对金砖国家的经济产生了不同的影响：俄罗斯经济遭受的负面影响最大，而中国受到的影响最小。因此，金融危机的后果可能会进一步加剧金砖国家经济指标的差异化。

另外，巴西、俄罗斯、印度、中国和南非也就与国家现代化、经济、社会生活需要相关的常见问题而合作，其中最严重的是通货膨胀率高、基础设施不发达。

此外，致使分裂的关键因素是金砖国家现在不是一个正式的国际组织。该集团没有常设秘书处或主要执行机构，并且讨论期间做出的决定不具约束力。

正如我们所看到的那样，金砖国家之间存在许多差异和困难，这使得制定单一的共同解决方案或以共同立场发言成为一项非常困难的任务。

然而，不能忽视金砖国家的凝聚力很大，但我们也应该记住，其在建立关系和制定进一步互动的统一战略方面存在一些问题。

四　金砖国家集团的战略发展前景

金砖国家作为"非正式集团"已经存在了10多年，其进一步发展的问题越来越受到争议。关于该集团存在不同的观点：有人认为金砖国家可以成为新世界秩序的基础，有人认为金砖国家的统一是象征性的，不能对世界进程产生重大影响，还有人认为该集团是一个反西方的联盟。

正如前面已经讨论过的，有许多因素会影响集团的团结和分裂，因此很难对集团进一步发展的前景做出明确评估。金砖国家目前正在共同努力，并按照积极的设想进行发展。

根据金砖国家2012年3月29日的声明，该集团的进一步工作将主要集中在恢复全球经济增长上，修正在国际货币基金组织中的配额以及支持新兴经济体的增长。

另一个有趣的微妙之处在于，近年来，金砖国家进一步扩张的问题日益突出。被提到加入该集团的潜在国家包括伊朗、印度尼西亚、韩国、墨西哥和土耳其。值得注意的是，墨西哥和韩国等国家具有足够的经济潜力被列入金砖国家行列。

然而，现在进一步扩容是不可取的。该集团已经具有足够的代表性，盲目扩容可能导致更大的不团结和协调无效。此外，有关新成员加入的标准和对经济指标的要求迄今尚未形成。金砖国家还没有完成其形成过程，现在更重要的是发展集团内部的联系，而不是扩容。

表2　金砖国家在世界高科技产品生产中所占份额的动态

国家和国家组织	1985年	1990年	1995年	2000年	2005年	2012年
巴西	2,0	1,9	1,8	1,5	1,4	2,3
俄罗斯	0,1	0,1	0,5	0,2	0,6	1,4
印度	0,3	0,3	0,4	0,3	0,6	0,9
中国（包括香港）	3,1	2,3	2,6	4,1	10,0	23,9
南非共和国			0,1	0,1	0,1	0,1
总计：金砖国家	5,5	4,6	5,4	6,2	12,7	28,6
比较：						
欧盟	24,3	29,2	24,2	21,6	25,3	18,0
北美自由贸易区	44,9	33,7	31,2	37,8	32,8	29,7

资料来源：《2010年科学与工程指标》，（附录：表6-5），两卷，弗吉尼亚州阿灵顿郡：美国国家科学基金会，2010年；《2014年科学与工程指标》，（附录：表6、表7），两卷，弗吉尼亚州阿灵顿郡：美国国家科学基金会，2014年。

正如所看到的，金砖国家的前景非常广阔，因为总体而言，2012年金砖国家高科技产品的产量比欧盟国家高出10.6%。

此外，所有国家都赞成相互之间进一步增加贸易往来（主要是使用本国货币)。正如前面所讨论的,俄罗斯和中国已经在这个方向上采取了第一步措施。

我们可以看到,目前巴西、俄罗斯、印度、中国和南非之间有许多共同点。此外,这些共同点的数量是不断增长的。所有金砖国家都有兴趣加强和扩大合作,并表示愿意共同努力实现目标。目前,该集团从谈判到实际行动,并开始执行其计划,这些举措都非常重要。如果这些都可以实现,那么金砖国家将有机会进一步成功地发展下去。

谈到金砖国家,我们可以说,该集团有潜力能够改变世界上军事力量的部署,同时克服经济发展水平差异显著、由政治和意识形态原则导致的利益不匹配、有关国家金融体系的差异以及在经济结构及对外经济和外交政策关系发展的优先事项等问题。

然而,尽管存在种种困难,但我们不能忽视各国互动的重大进展和发展合作的明显愿望。金砖国家具有独特的地位,对联合所做的努力以及进一步的合作将使它们有机会在国际体系中占据有利地位。如果说金砖国家在早些时候存在危机和高风险,那么目前,它们则表现出稳定的年增长率,被视为有希望的新兴市场以及在全球舞台上与当今全球参与者开展竞争的有力对手。

参考文献

The Analytical Group of World Economic Forum. The Global Competitiveness Index 2011—2012. Electronic Recourse. URL:http://www3. weforum. org/docs/WEF_ GCR_ CompetitivenessIndexRanking_ 2011 - 12. pdf.

Business Newsweek Magazine. 2011. May 23 - 30. URL:http://www. newsweek. com/en.

Polvolotsky G. The Group of BRICS Developing. // MGIMO Portal. 2010 - Electronic Recourse. URL:www. mgimo. ru/news/experts/document176546. phtml.

Chitour C. E. Les BRICS et la construction du nouveau monde (BRICS countries in the construction of the new world) // L'Expression. 2012.

Economictermin. IMF. Electronic Recourse. URL:http://economtermin. ru/banki/ 5 - mezhdunarodnyjj - valjutnyjj - fond. html.

Business Magazine Innovatic: ideas, concepts, implementation. Electronic Recourse. URL: http://thinkinnovative.ru/analytics/news/id/1356.

Dicikh G. , Myalo E. BRICS: Development of the Multipolar World by 2050. New Treats and Possibilities. Information and Analytical Portal "Geopolitics". Electronic Recourse. URL: http://www.geopolitica.ru/Articles/1425.

Economic Research from the GS Financial Workbench – Dreaming With BRICS: The Path to 2050. Electronic Recourse. URL: http://www.goldmansachs.com/korea/ideas/brics/99 – dreaming. pdf.

Van Agtmael A. Think again: The BRICS // Electronvc Magazine. Foreign Policy. 2012. Electronic Recourse. URL: www.foreignpolicy.com/articles/2012/10/08/think _ again_ the_ bricks.

The Global Competitiveness Index 2011—2012.

Science and Engineering Indicators – 2010. (Appendix: tables 6 – 5) . Two volumes. Arlington, VA: National Science Foundation, USA. 2010;

Science and Engineering Indicators – 2014. (Appendix: tables 6. 7) . Two volumes. Arlington, VA: National Science Foundation, USA. 2014.

金砖国家准备好迎接新时代了吗？

竺彩华

商务部国际贸易经济合作研究院对外贸易研究所教授

金砖国家包括巴西、俄罗斯、印度、中国和南非，其经济总量占世界经济总量的20%，人口占全球人口数量的40%以上。金砖国家因经济规模大、发展速度快以及对地区事务乃至世界事务有深远影响而引起了全世界的关注。目前，世界正在迅速变化，并正以全新的姿态展现在世人面前。本文试图回答以下三个问题。第一，新时代的定义是什么？第二，新时代会对金砖国家造成怎样的影响？第三，在新时代下，金砖国家合作机制能发挥怎样的作用？

一 新时代的定义是什么？

新时代主要是由两种破坏性力量所造就的。一是全球化，或者说再全球化。全球化的发展主要是由反全球化力量的崛起而推动的。二是科技颠覆。科技颠覆是在两次革命之后出现的，即第四次工业革命和新能源革命。

（一）再全球化时代

过去全球化存在的核心问题可以归结为各国间的相互依存度日益增加，同时不平衡现象，特别是技术、工业、贸易以及收入在全球范围内的不平衡日益严重。全球化失衡背后的主要原因是经济正在全球化，但缺乏全球治理，同时全球政治正在国家化。这种矛盾不断累积，最终导致了像英国退欧以及唐纳德·特朗普当选美国总统这类事件的发生，这标志着再全球化时代的到来。全球化目前正遭受质疑。再全球化过程中需要解决的主要问题是金融服务以及基础设施的全球化、国家间经济效益的分化、不平等现象的加剧以及移民问题、就业压力等社会挑战，还包括气候变化等生态问题。为了在再全球化进程中实现世界的安全、平等和可持续发展，各国当局、政府间国际组织（IGOs）、非政府组织（NGOs）、企业、学术界、民间团体甚至每个公民都应该各尽所能，妥善开展全球治理。解决上述问题的唯一办法就是鼓励创新并提出具有建设性的想法，指引再全球化采取更加包容的方式，而不是将人与自然置之不顾。

（二）第四次工业革命时代

世界经济在前三次工业革命的推动下取得了极大的发展，前三次工业革命分别以蒸汽机动力、电力推动大规模生产以及信息技术推动下的生产自动化为标志。第四次工业革命以技术的融合为特征，它使得物理、数字以及生物三个领域间的界限变得模糊不清，并以惊人的速度向前发展。当前，世界比以往任何时候都联系得更加紧密。而世界互联互通的可能性将随着新兴技术，诸如人工智能（AI）、机器人、物联网（IoT）、自动驾驶汽车、3D打印、纳米技术、生物技术、材料科学、储能技术、量子计算等领域的突破而成倍增长。因此，人类生产、分配以及消费的方式将会发生根本性转变。以下是第四次工业革命的一些主要影响。

第一，生产效率更高。根据法国工业系统思想家 Olivier Scalabre[1]（2016年）的看法，新一轮的技术创新将使工业生产率提高三分之一。工厂将变得更小、更灵活。规模定制将有助于生产更好、更智能的产品。工厂与消费者之间的联系正在取代工厂规模成为新的标准。竞争法

---

[1] 奥利维耶·加拉布雷：《下一次工业革命就在眼前》，TED演讲，2016年，http://www.ted.com/talks/olivier_ scalabre_ the_ next_ manufacturing_ revolution_ is_ here。

则将从低成本转向创新。

第二，由于世界生产格局的根本性转变，国际商品贸易增长将放缓，甚至停止增长。然而，服务贸易将迎来一个增长的春天。同样，对跨境生产的大规模投资将变得不温不火，而对研发的投资将大幅飙升。所以，全球化将进入一个新时代，东西方之间的贸易流动将被区域贸易流动所取代。

第三，在就业市场方面，根据牛津大学的一项研究[①]，在未来 20 年左右的时间里，美国多达 47% 的工作岗位将因自动化而完全消失。但是，这并不是劳动力市场的全部内容。自动化带来的真正挑战并不是美国工作岗位的消失，而是这些工作大多都不是很好的工作，并且很多公民并没有资格获得正在被创造的好工作。据戴维·奥托尔（David Autor）介绍，在过去 37 年中，美国的就业市场日益两极分化。一方面，在需要高等教育和拥有高薪的工作岗位中，就业增长十分强劲，如医生和护士、程序员和工程师、市场营销主管；另一方面，在许多只需低技能和低等教育的工作岗位上，就业增长也很强劲，例如食品服务、清洁、安全、家庭医疗援助。同时，许多中等教育、中等工资收入的工作岗位正在减少（如蓝领生产岗位和白领文职岗位）。这种两极分化的劳动力市场导致中产阶级规模缩小，为美国国内政治带来了巨大压力。

第四，第四次工业革命也将对发展中国家产生深远影响。到目前为止，全球有 13 亿人（占世界人口的 17%）仍然生活在缺电的状态中；40 亿人（占世界人口的 56%）没有上网的机会。这些数字实际上告诉我们，许多发展中国家甚至没有触及第二次和第三次工业革命。问题如下：随着新技术的成本下降，机器人开始取代廉价劳动力（现在机器人只是在发达经济体中取代中产阶级），像许多国家如中国之前做的一样，发展中国家能否走同样的发展道路？在自动化开始取代全世界的劳动力之前，这条路还能走多久？

---

① 参见卡尔·弗瑞（Carl Benedikt Frey）和迈克尔·奥斯本（Michael Osborne）所著《就业的未来》，http：//www.oxfordmartin.ox.ac.uk/publications/view/1314。

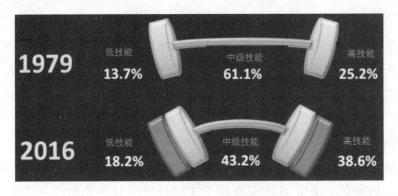

图1 美国工人在低、中、高技能职业中的份额（1979 年和 2016 年）

资料来源：大卫·奥特尔：《自动化会夺走我们所有的工作吗？》。

https：//www.ted.com/talks/david_ autor_ why_ are_ there_ still_ so_ many_ jobs.

也许留给发展中国家的时间并不多。因为发展中国家生产的传统劳动密集型产品并没有流向发达经济体。例如，耐克开始在 2012 年使用飞线技术生产运动鞋，使得装配线上的工人数量大幅减少。

（三）新能源革命时代

越来越多的国家意识到走可再生能源之路是更明智、更清洁的发展道路，并正在制定相应政策。例如，2014 年中国宣布其温室气体排放量约在 2030 年达到峰值，并且截至 2030 年将非化石能源占一次能源消费的比重提高到 20% 左右。同年，印度致力于到 2022 年使其可再生能源容量达到 1750 亿瓦特，为印度的每一位公民提供电力。2017 年，印度宣布了一项新计划，从印度售出的每辆汽车都将是电动汽车。截至 2030 年，印度逐步转向生产电动汽车，这将减少 37% 的碳排放量。同样在 2017 年，中国确定坚持推行这些计划，即截至 2025 年被替代的燃料汽车将占预计年度汽车销售 3500 万辆的五分之一。通过利用可再生能源在许多主要经济体（如中国和印度）进行能源组合，这些雄心勃勃的计划为解决全球变暖问题带来了好消息。如图 2 所示，由于可再生能源的使用和能源效率的提升，碳排放量在 2014 年达到峰值——经济依旧同步增长。

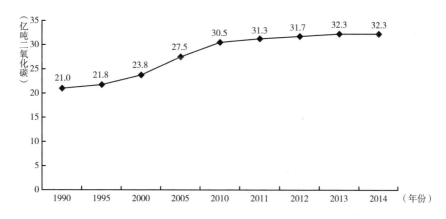

图2 在能源使用中全球二氧化碳排放量（1990~2014 年）

资料来源：国际能源署（IEA）。

在这方面，可再生能源的发展前景是光明的。如图3所示，新一代更便宜、更小型、更好的电池——全球能源革命的一个关键因素，已经呈现价格下降的趋势。以特斯拉汽车公司为例，其"千兆工厂"计划在2017年正式投产，预计其电池价格将比今天的平均价格便宜30%，达到210美元/千瓦时。

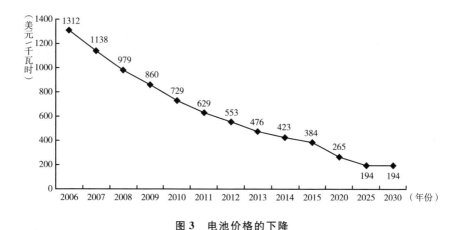

图3 电池价格的下降

资料来源：http：//cleanenergycanada.org/trackingtherevolution - global/2015/.

但对那些石油公司和石油出口国来说，这并不完全是好消息，因为它们将面临不确定的未来！特别是这场新的能源革命将要求经济过分依赖化石能源工业的俄罗斯进行经济快速转型。

二　新时代会对金砖国家造成怎样的影响？

以上是颠覆性的新时代的三个主要方面。下一个问题是这个新时代对金砖国家意味着什么？当然，这同时意味着机遇和挑战。金砖国家的市场机遇主要集中在新兴市场。在这个充满颠覆性的新时代，能否摆脱中等收入陷阱，一直是这些国家所面临的挑战。

经过几十年的经济发展和人民收入的快速增长，金砖国家逐步发展成为世界上重要的消费基地。它们与美国人均收入之间的差距（购买力平价调整后的美元）在 2002～2014 年明显缩小。

例如，在这一时期，中国和俄罗斯人均收入占美国人均收入的比例分别增长了约 13 个百分点和 26 个百分点。例如，中国在 2014 年从世界其他地区进口了 1.96 万亿美元的商品，仅次于美国（2.41 万亿美元）。根据经济合作与发展组织（OECD，简称经合组织）的一份报告，如表 1 所示，在未来十年，中产阶级人口增长的 85% 将来自发展中国家（主要是印度和中国）。同样，超过 80% 的需求增长将来自亚洲的发展中国家。到 2050 年，发展中的亚洲将会占据全球中等阶层消费的大部分份额。

表 1　全球中产阶级数量（百万）和份额

单位：%

	2009 年		2020 年		2030 年	
北美洲	338	18%	333	10%	322	7%
欧洲	664	36%	703	22%	680	14%
中南美洲	181	10%	251	8%	313	6%
亚太地区	525	28%	1740	54%	3228	66%
撒哈拉以南非洲	32	2%	57	2%	107	2%
中东和北非	105	6%	165	5%	234	5%
世界	1845	100%	3249	100%	4884	100%

资料来源：Kharas, Homi (2010)，"The Emerging Middle Class in Developing Countries"，OECD Development Centre.

这些日益增长的消费市场不仅代表着金砖国家在全球舞台上拥有更大的影响力，从而在全球化进程中的全球和地区事务管理中更有发言权,而且也代表着金砖国家的一种重要资产以赶上新工业革命和新能源革命,因为以市场为导向的全球化和技术进步只能通过为市场提供最好的服务来繁荣世界经济。哪里有市场,哪里就有利润。这才是真正的市场规则。不断增长的消费市场将帮助金砖国家在几乎所有领域推进自己的技术创新,使其在新的工业革命中拥有自己的足迹。

就挑战而言,有着不同经济和产业结构的金砖国家拥有不同的经济问题。但有一件事是相同的,那就是它们都面临着中等收入陷阱这一问题。(根据 2016 年世界银行统计数据,中等收入国家是那些人均国民收入在 1026 美元到 12475 美元之间的国家。)如图 4 所示,根据世界银行的标准,所有金砖国家仍处于中等收入国家水平。尽管俄罗斯和巴西曾经逃过了这个陷阱(2012 年、2013 年和 2014 年的俄罗斯,以及 2012 年和 2013 年的巴西),但现在由于全球经济动荡,它们又回到了中等收入国家行列。对于金砖国家来说,摆脱中等收入陷阱是一个极难解决的问题,因为这些国家现在正受到需求和供应方面的压力。

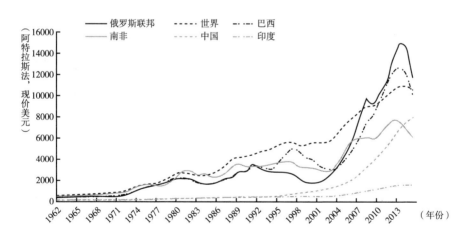

图 4　金砖国家人均国民收入(1962～2015 年)

资料来源:世界银行数据,更新于 2017 年 5 月 26 日。

在外部需求方面,自 2000 年以来,金砖国家将不会很快重获其在很长一段时期内享有的有利条件。金砖国家将得到比过去更少的外部支持。发达经济体潜在的产出增长放缓将导致金砖国家需求增长放缓。同时伴随着一些先进经济体的保护主义风险、对贸易一体化的消极看法以及美国货币政策的收紧。根据 2017 年 4 月版《世界经济展望》（WEO），尽管新兴市场和发展中经济体的需求上升可能抵消一些影响，但平均而言，2017~2022 年度的外部需求增长预计将比往期低。在供给方面，金砖国家低成本（特别是廉价劳动力）的优势正在消失，根据 Olivier Scalabre 在 2016 年发表的观点，2015 年巴西的制造成本就已经和法国一样昂贵了，到 2018 年，中国的制造成本将与美国相当。在这种情况下，金砖国家能否从创新中获得足够的新动力仍然是一个很大的挑战。

三　在新时代下，金砖国家合作机制能发挥怎样的作用？

由于全球经济持续的结构性变化，金砖国家将得到较少的外部支持。然而，过去，金砖国家稳步赶超的经济增长势头并不是必然的。如图 4 所示，金砖国家在人均收入增长方面已经出现了一段时间的加速和逆转。这些经济体仍然需要为经济增长奠定坚实的基础，通过协调政策，加强在保护贸易一体化等诸多领域的合作，并且抑制由经常项目逆差、外国债款和大额公债引起的脆弱性。金砖国家作为一个独立的鼓励成员之间商业、政治和文化合作的国际组织，为协调与合作提供了非常有效的平台。金砖国家合作机制自成立以来已经取得重大进展，特别是在金融合作方面。为了资助基础设施项目建设，促进金砖成员和其他新兴经济体的可持续发展，金砖国家成立了新开发银行（NDB），这是一个多边开发银行，初始授权资本为 1000 亿美元，于 2015 年 7 月 21 日开始营业。几乎同时，2014 年 7 月 30 日在福塔莱萨签署的《关于建立金砖国家应急储备安排的条约》（CRA，简称"金砖国家应急储备安排"）于 2015 年 7 月 30 日正式生效，这项条约提供了一种在全球流动性压力之下的保护框架。"金砖国家应急储备安排"的资金规模为 1000 亿美元，中国的投资额为 410 亿美元，巴西、印度和俄罗斯各投资 180 亿美元，南非投资 50 亿美元。

现在为了更好地适应这个新时代，抓住新纪元带来的巨大机遇以及应对新时期的共同挑战，金砖国家需要做出更大胆的决策并迈出更大的步伐,使金砖国家合作机制更加具有活力、更加高效。以下是一些对金砖国家可能的建议,以使这些国家依据金砖国家机制在以下领域进行共同合作并协调它们的发展战略。

第一,金砖国家应该在管理"再全球化"进程中发挥更重要的作用,尤其是在全球治理方面。自金砖国家2006年成立以来,它已成为世界经济发展最重要的火车头之一,是全球经济治理改革和国际金融稳定不可或缺的力量。在金砖国家内部开展更密切的合作以及在多边平台进行更好的协调是应对全球经济和政治局势中的挑战和复杂性的关键。金砖国家新开发银行(NDB)、"金砖国家应急储备安排"、亚洲基础设施投资银行和"一带一路"倡议等工具的作用应该被充分发挥,以使这五个经济体协调发展战略。此外,作为一个代表发展中国家利益的集团,金砖国家还被寄予推动南南合作、改善全球治理并建立一个公平、公正和包容的国际秩序的希望。

第二,为了减少新时代的负面影响,金砖国家应通过协商一个金砖国家自由贸易协定(FTA)来进一步发展和利用它们的市场,该协定旨在制定符合金砖国家和其他发展中国家利益的市场(贸易和投资)规则、标准和规范。例如,让机器人在工厂里运作会更节省成本,但重要的是,最终结果不仅仅只是让那些公司(大多来自发达经济体)变得越来越富有。也许是时候协商金砖国家自由贸易协定了,该协定可能将机器人税作为一个新的政策事项。

第三,为了迎接第四次工业革命并充分利用金砖国家内部市场,金砖国家需要通过合作来弥合硬连接和软连接缺陷。基础设施互联互通应是合作的优先事项。据有远见的全球战略家帕拉格·坎纳(Parag Khanna)称,由于税收优惠在过去的全球化中对世界经济增长只贡献了5%,而在新一轮的全球化中,互联互通对世界经济增长的贡献可能会达到10%~15%,所以,互联互通是21世纪最具革命性的力量。

第四,金砖国家应加强在化石能源和可再生能源领域的合作。基于新能源革命和当前的供需结构,金砖国家在能源贸易与金融、安全、节能技术和可再生能源技术等领域有着巨大的合作潜力。

最后但最重要的一点是,金砖国家需要面向未来,特别是在加强教育和培训计划合作方面。人工智能和自动化的提高已经对就业产生了重大影响，并可能导致劳动力发展的危机，从而导致全球不平等差距越来越大。根据一项令人震惊的估计，现在正处于小学阶段的儿童中，有65%的人将从事至今还不存在的职业。因此，我们迫切需要教育和培养我们的人民，尤其是应该使年轻人为成为未来的劳动力做好准备，投资于科学、技术、工程、数学（STEM）教育等领域并设立学徒制为入职做准备。在这方面，金砖国家机制还可以做很多，以促进成员之间在教育和培训计划方面的合作。

金砖国家结构性改革的困境与路径

黄茂兴

福建师范大学经济学院院长、教授

金砖国家作为全球治理的后来者，在短期内很难改变国际治理的地位和格局，也很难在世界银行、国际货币基金组织等国际体系中获得真正的平等地位，只有通过加强自身的结构性改革，才能平等地参与国际事务，做到权利平等、机会平等、规则平等。

一 金砖国家结构性改革面临的困难与挑战

（一）全球经济不确定性风险持续加大

一是"去全球化"浪潮愈演愈烈。全球化给各国和各阶层带来了新的不平等，激起了西方社会以反对自由贸易和金融自由化为主要内容的"反全球化"运动，英国的脱欧、特朗普上台后正式宣布美国退出跨太平洋伙伴关系协定（TPP）等都是全球化的逆动力。与此同时，中国等新兴国家对全球化的推动，如"一带一路"正推动着全球一体化进程，全球化和"去全球化"的力量博弈使未来全球经济充满了不确定性。二是发达经济体政策的不确定性呈上升趋势。美国总统特朗普上台后尚未给出明确的经济政策，其对贸易、移民等政策的改变有可能抵消财政刺激带来的好处，英国与欧盟分道扬镳后的政策前景也不明朗，加上全球金融条件收紧将可能导致金融市场波动加剧等。三是贸易保护主义倾向日益严重。2008 年金融危机之后，发达国家加大了贸易保护政策的实施，区域贸易协定不断冲击 WTO 多边贸易体制，一些国家只在某些特定的范围内实行自由贸易，而将其他国家排除在外，引发了全球贸易保护主义的进一步加剧。四是地缘政治风险使安全局势更加紧张。地缘政治风险关系到全球的安全与合作，全球顶级政治风险咨询公司欧亚集团2017 年 1 月发布的报告认为，2017 年将是二战结束以来地缘政治风险最不稳定的一年。

（二）金砖国家内部结构性改革任务依然艰巨

一是中国供给侧结构性改革面临体制障碍。如经济发展方式转变迟滞、经济动力活力不足，在国企改革、财政金融、价格体制、土地制度、社会保障等关键环节和重点领域的市场化改革尚未取得实质性突破。二是俄罗斯资源经济结构和威权政治亟待转型。一方面，俄罗斯对资源型经济过度依赖，当前国际能源价格持续下跌，对其造成了巨大打击。另一方面，俄罗斯国内政治经济统治带有浓厚的威权主义色彩，如俄罗斯大力打击寡头经济，但实际上却造成了行政的过度干预和垄断，反而不利于自由市场竞争环境的形成。三是印度长期"二元"结构性问题根深蒂固。首先，印度的贫富差距很大，据统计，印度最富的喀拉拉邦比最落后的比哈尔邦的人均国内生产总值高出 4 倍；其次，印度的产业发展差距大，以软件业为主体的服务业占印度 GDP的比重超过了 50%，但制造业发展比较落后；再次，印度信息产业高速发展与落后的基础设施并存，如号称"印度硅谷"的印度软件业中心班加罗尔，不仅道路状况非常恶劣，而且经常出现停电、断电等。四是巴西治理不善和政局不稳使改革乏力。在前总统卢拉执政时代，高速的经济增长为巴西积累了大量财富，但随后巨额的开支使巴西的债务规模不断扩大。巴西政府和国会间的紧张局势、巴西石油公司腐败案持续发酵等政治问题加剧了未来经济发展的不确定性。五是南非对外依赖程度过高削弱了自主性。南非经济对大宗商品特别是矿产品的出口依赖度较高，但是从 21 世纪初开始，受成本上涨和矿井储备耗减的影响，南非采矿行业开始陷入困境。此外，南非总统和反对派之间的政治冲突可能破坏地区局势稳定。

（三）结构性改革的长期性导致改革效应的滞后性

金砖国家在长期发展的过程中积累的体制机制问题，利益阶层的固化和发展模式的僵化注定了其结构性改革必定是一个长期的过程。金砖国家总体经济实力不强，经济基础比较薄弱，对经济波动的抵抗能力还缺乏完善的体系支撑，如果改革力度过大过快可能会动摇经济发展的根基，反而不利于改革的持续推进。因此，金砖国家结构性改革从行动到取得成效需要经历较长的时期。

二　金砖国家结构性改革的目标方向

（一）从政策跟随者转向制度创新者

长期以来，全球治理主要是由以美国为主导的发达国家所把控，发展中国家被动地融入国际体系，接受发达国家制定的国际规则，同时国内宏观政策的制定也受制于国际环境的变化，跟随发达国家宏观政策的调整而调整。政策跟随者的地位使金砖国家等发展中国家在宏观政策制定上缺乏自主性。然而随着新兴国家实力的增长，迫切要求更多地参与国际事务，在全球治理中争取更多的话语权。因此，金砖国家在结构性改革中要从被动的政策跟随者转向制度的创新者，实施创新驱动战略，通过试验和创新使国内的体制机制与国际接轨。通过国内经济增长的企稳回升证明改革的成效，从制度的合法参与到主动参与国际规则建设。通过积极探索和勇敢试错形成更加适合推动全球经济增长的制度体系，以自身的文化和理念影响国际规则的改革创新，以制度创新者和规范供给者的角色推动全球治理。

（二）从着力需求侧偏转向持续供给侧发力

金砖国家面临的一个共同问题是，长期以来侧重于从需求层面来推动经济增长，供给侧方面积累了不少矛盾，如产品的质量不高、生产方式粗放、要素生产率低、环境污染和破坏、技术创新能力不强等。供给侧结构性改革虽然是中国提出来的，但是这一战略也适用于金砖国家和其他的发展中国家，通过完善市场在资源配置中起决定性作用的体制机制，深化行政管理体制改革，积蓄内生经济增长动力。如俄罗斯应建立新的产业部门以摆脱资源型经济的束缚，支持民营经济的发展，营造良好的国内竞争环境；巴西应大力推动工业化进程，提升制造业发展能力水平；印度要实施平衡和协调发展战略，努力缩小二元差距；南非把重心放在国内市场上，降低对矿业的依赖，通过产业升级降低失业率，等等。通过供给端的持续发力才能更好地与需求侧衔接，为经济持续增长奠定坚实的基础。

（三）从调整表面问题转向挑战根本性利益

结构性改革并不是对表面问题的调整，而是着眼于深层次问题的解决，透过问题的表面现象把握本质。当前，金砖国家表现出的增长乏力、出口减少、企业倒闭、债务高企等问题，从表面上看是由于国际市场萎缩、成本提高等引起的，但实质上就是经济发展的深层次结构问题。因此，要深入把握造成金砖国家经济发展困境的根本性原因，从问题导向转向原因导向，从局部性的政策调整转向根本性的全局统筹，特别要敢于向垄断集团、资源占有者、腐败群体等既得利益群体挑战，改革会造成经济增长波动甚至下滑，也会受到利益相关者的阻挠，这就需要有坚定的改革决心和勇气，努力形成稳定的经济政治环境。

（四）从依赖外部力量转向强化内部基础为先

金砖国家在从落后走向先进的过程中大都实施了出口导向型战略，通过产品出口增加外汇收入，通过开放国内市场引进国外技术，通过对外发行国债吸引外资投资等方式，形成了对国外的市场依赖和对发达国家的技术依赖。金融危机爆发后，国际市场需求的急剧下降和发达国家的政策调整使金砖国家等发展中国家也陷入了困境，如出口的下降导致经济增长下滑，大量的出口企业面临破产和倒闭，国际大宗商品价格的持续下跌使俄罗斯、南非等资源型国家经济增长陷入困境，发达国家再工业化战略使大量的企业撤资回归本土，美元升值使巴西、南非等国可能陷入债务危机，等等。因此，金砖国家的结构性改革应该立足于自主性和独立性，把重心放在国内的要素和市场上，通过自主创新提高要素的生产率，建立起健全的生产体系，完善市场环境和基础设施建设，夯实经济发展的基础，使结构性改革走得更稳、更实。

（五）从排斥性竞争转向包容性合作

金砖国家在改革国际金融体系、应对气候减排谈判等一系列重大国际问题上具有广泛的共同利益，但是也存在利益分歧，它们既在 G20 框架下相互合作，又为了各自利益开展排斥性竞争，削弱了金砖国家的合力。如金砖国家经济实力地位存在着明显差异，中国的经济规模遥遥领先，实力地位的差异导致它们对共同身份认同的差异；在相互贸易中，中国对印度和巴西主要出口电子、机械设备附加价值较高的工业制成品，进口农产品等附加价值低的初级产品，贸易结构差异使印度和巴西针对中国实施贸易保护政策。金砖国家之间在铁矿石、石油等大宗商品定价权上也展开了激烈的争夺。在结构性改革上，金砖国家应从整体利益出发，放下分歧，加强合作，如加强宏观经济政策协调，呼吁发达国家采取负责任的宏观经济政策，反对贸易保护主义；积极落实 G20 峰会的重要成果，在结构性改革、基础设施投资、国际税收合作等重点领域取得积极进展，增加金砖国家在 G20 中的话语权；积极探索金砖国家合作的新机制和新领域，切实提高合作水平，实现包容性发展。

三 金砖国家结构性改革提升全球经济增长活力的路径

（一）完善金砖国家合作机制，打造全球经济增长新引擎

一是凝聚合作共识，提高合作效率。金砖国家应通过有效的国家谈判和沟通协调，如通过历届金砖国家峰会，探究金砖国家经贸合作、政策环境、金融风险等多领域多议题的共识，落实金砖国家峰会共识。二是深化合作领域，打造经济合作增长点。金砖国家应在继续保持经济领域合作的基础上，不断拓宽和深化合作领域，一方面加强金砖国家内部的合作，另一方面加强金砖国家与其他国家，尤其是第二层次的新兴市场国家的合作。三是创新合作模式，增强经济合作实效。金砖国家应继

续深入开展产能合作和创新合作，着眼于金砖国家新动能和新愿景，不断创新合作模式，增强经济合作实效。

（二）积极参与全球产业分工，主动融入世界经济发展体系

一是推进金砖国家产能合作，提升国际产业分工的层次地位。通过加强产能合作和创新合作，加快金砖国家产业结构转型升级，逐步摆脱原来劣势的国际产业分工地位和价格体系。此外，金砖国家应加强战略性新兴产业合作，发挥金砖各国产业发展比较优势，协调产业发展战略，推动差异化发展战略。二是参与制定全球经济新规则，主动融入世界经济发展体系。金砖国家一方面要加强内部的经贸合作，凝聚发展合力；另一方面要加强与其他国家或国际组织的多边合作，协调合作能力。未来，金砖国家也可以考虑继续扩大、吸收更多的新兴经济体，以增强自身的代表性和影响力，以更坚实的综合实力和更加积极主动的心态，引领新一轮全球经济贸易新规则的制定。

（三）反对贸易保护主义，加强多边贸易体制建设

一是反对贸易保护主义，构建开放型世界经济。金砖国家要坚决反对任何形式的贸易保护主义，积极倡导国际投资贸易自由化，加快构建互利共赢的开放型世界经济。二是加强多边贸易体制，重新推动多哈回合谈判。金砖国家要积极参与多边贸易、双边贸易，尤其是与世界贸易组织各成员的投资贸易合作，继续维护和推动世界贸易组织为代表的多边贸易体制，增强金砖国家国际投资贸易的开放性和包容性。

（四）加强各国政策协调性，提高宏观调控效果

一是加强宏观经济政策国际协调，推动各国内部经济结构调整。金砖国家可以通过多层次多领域政策的国际协调，尤其是货币政策、财政政策、汇率政策、金融监管政策等宏观经济政策和金融政策的协调，构建金砖国家全方位、宽领域的合作伙伴关系，引领新一轮全球创新和经济结构性改革。二是全面推进经济发展战略对接，培育互利共赢的行动共同体。继续深化金砖国家四大伙伴关系，落实好《金砖国家经济伙伴

战略》，推动金砖国家贸易投资、制造业、能源、农业、科技创新、金融、互联互通、信息和通信技术八大重点领域全面合作，不断提升合作的水平和层次。

（五）深化国际金融监管合作，防范金融市场风险

一是加强全球资本流动监测，防范金融风险跨境传递。金砖国家要正视国际新格局和新形势下的金融风险，坚持用持续性手段，在金砖国家合作框架下对外资机构和跨境业务的资本流动进行监测和评估；要建立有效的全球性金融风险预警机制，识别、严防和化解全球金融风险跨境传递。二是结合宏观微观审慎监管，防范金融系统性风险。一方面，要建立多元化的金融监管合作，加强与国际货币基金组织、世界银行、世界贸易组织等国际组织的宏观金融审慎监管合作，构建更高层面的宏观审慎监管框架；另一方面，建立国际金融风险信息发布、金融信息查询和金融隐私保护等制度，推动微观审慎监管的改革与创新，确保金融消费者权益。

金砖国家的内生动力

金砖国家发展战略的分析：前景与问题

Vinod Anand

印度新德里维维卡南达国际基金会高级研究员和研究协调员

一　回顾

金砖国家于 2016 年 10 月在印度的主持下举办了峰会。莫迪总理概述了"打造有效、包容、共同的解决方案"作为金砖国家举办峰会的核心主题。加强人民在金砖国家活动中的参与也得到了优先考虑。事实上，这是一种由"制度建设、实施、整合、创新以及整合连续性"五个方面组成的方案。因此，"可持续发展"被认为是上一次峰会强调的金砖国家合作的根本基础。2017 年金砖国家峰会的主题为"深化金砖伙伴关系，开辟更加光明未来"，并提出了五个合作重点，即"深化金砖国家合作，促进共同发展；加强全球治理；开展人文交流；推进机制建设以及构建更广泛伙伴关系"，这与前几次峰会的主要目标很贴切。

印度在担任金砖国家轮值主席国期间，其总体目标是使金砖国家成为一个负责任的多边机构，首先是在地缘政治领域成为重要一员，其次是获得新兴经济体的话语权。

二　恐怖主义与全球治理

莫迪总理的喜好和他努力的方向可以很容易地从 2016 年峰会的演讲以及 2015 年在乌法召开的峰会上看出。以联合的方式打击全球和区域恐怖主义一直是他的主要关注议题之一，这在许多方面也与全球治理息息相关。然而，在国际层面上，对恐怖主义的定义仍然没有达成一致意见。因此，在他的领导下，印度试图把重点从狭隘的经济方面转移到更大的全球性问题层面，即打击恐怖主义变得日益迫切。随着恐怖主义在全球滋生，对恐怖主义的应对也必须在全球范围内进行。

金砖国家对恐怖主义采取的共同做法可以对新兴的国际安全架构做出积极贡献。在 2016 年 10 月的联合声明中，金砖国家政府强烈谴责针对一些金砖成员的恐怖袭击，这其中包括对印度的恐怖袭击。该声明还重申坚决打击各种形式的恐怖主义，并强调无论出于意识形态、宗教、政治、种族、民族还是其他任何理由，恐怖主义罪行都是无法开脱的。该声明还强调，必须在双边和国际论坛层面加强打击国际恐怖主义的合作。

在即将举行的厦门金砖国家峰会之前，金砖国家外长会议已于 2017 年 6 月举行，中国再次重申打击恐怖主义的承诺，呼吁国际社会建立一个真正广泛的国际反恐联盟，支持联合国在国际反恐合作中发挥中心协调作用。印度一直在寻求金砖国家合作伙伴，以支持在联合国通过一项关于打击恐怖主义的全面公约，其中不区分"好"和"坏"的恐怖分子。关于需要联合力量打击恐怖主义的声明通常都由金砖国家平台制定。同样明显的是，金砖国家成员之间在反恐方案上不仅存在分歧，而且在国际层面上也没有就恐怖分子的定义达成一致意见。

三　果阿峰会

当然，着眼于印度为金砖国家组织的一系列活动，从可再生能源到科学研究，从采取反腐败措施到设立电影节，议程更加多样化和全面。很明显，金砖国家的五个成员在许多全球性问题上都有共同的观点，并且其一直致力于改变西方主导的现实，无论是经济问题还是战略问题。

2016 年的金砖国家峰会在果阿举行，其主题的延续和巩固遵循了乌法宣言中着眼于制定经济伙伴关系的战略，印度从而在一些领域（包括制造业、矿物加工、能源和农业）开展了一项发展贸易、投资和经济合作的方案。这符合成员之间达成的十点共识，为金砖国家加强合作进程提供了动力。加强合作的十个措施包括举办金砖国家商品交易会、设立金砖铁路研究网络、加强金砖国家间最高审计机构的合作、提出数字化倡议、成立农业研究中心、举办金砖国家地方政府论坛、促进金砖国家城市的城市化合作、促使新开发银行首批贷款用于清洁能源项目、设立金砖国家体育协会和年度运动会以及创办电影节。这些倡议被赋予了切实可行的实施形式。

印度还展示了它的一些倡议，如"印度制造"计划，并寻求金砖国家在基础设施领域的投资。印度还举办了贸易博览会和投资者论坛，以促进倡议的实施，如"印度制造"、"智慧城市"、"数字印度"，在这些倡议中，金砖国家成员可以通过多种方式进行合作。

四　金砖国家与可持续发展

金砖国家也赞同联合国 2030 年可持续发展议程。可持续发展目标（SDG）确实包含雄心勃勃的目标以及国际社会将要取得的成果；金砖国家必须努力发展才能实现这些目标。可持续发展目标将为金砖国家成员的发展战略和优先事项提供指导。根据一项评估，金砖国家通过新开发银行推出可再生能源基础设施项目，在推动可持续发展目标 7（清洁能源）和可持续发展目标 9（基础设施）方面取得了一定程度的成功。水资源的可持续利用是通过相互合作取得进展的另一个领域。印度在拉贾斯坦州的水资源保护方面取得了成功，在那里由来已久的保护水资源惯例和可持续利用水资源的做法实际上使它成为一个无干旱的地区。因此，有效执行 2030 年可持续发展议程并确保为这一项目提供充足的资金应继续成为金砖国家的目标。

当美国改变了对气候变化的立场时，可持续发展变得更加有重大意义。金砖国家能够领导新的话语权，并坚持在巴黎气候变化会议上做出的承诺，携手合作促进绿色经济。欧洲领导人对美国在气候变化问题上采取的行动给予批评，并且其团结一致致力于提供绿色技术。因此，可持续议程能否成功在很大程度上取决于金砖国家的实施能否成功。

金砖国家还就一些联合国倡议、项目和各种组织［如联合国教科文组织（UNESCO）、世界卫生组织（WHO）、联合国工业发展组织（UNIDO）］展开合作，以推进不同领域的共同目标并且协调发展政策。在金砖国家举办峰会期间，其轮值主席国也向区域多边组织伸出援手，以推进如印度发起的议程，即环孟加拉湾多领域经济技术合作倡议

（BIMSTEC）。峰会的总体目标是促进金砖国家和环孟加拉湾多领域经济技术合作倡议的联系，这会作为区域拓展的一部分，以促进南南合作。其他成员也在其担任轮值主席国期间组织了类似的拓展会议。

五　金砖国家：经济状况

很明显，尽管近年来中国经济增速持续放缓，但在金砖国家中印度经济和中国经济正在相当快地增长。印度需要为其基础设施建设吸引投资，而中国有能力和意愿与印度合作以实现共赢。许多中国企业一直考虑在印度有效利用其剩余产能和资金。一些企业（如万达集团）已经在实体领域、电子部门和基础设施发展（公路建设与铁路测量）方面投入了大量资金。印度希望出口其信息技术服务、药品、其他服务和产品，以便找到互利合作的途径。双方都需要努力减少障碍，促进彼此之间的业务往来。

所有金砖国家的成员都有其独特的优势与特点，尽管事实上除了中国和印度，其余成员的经济状况都不尽如人意。显然，俄罗斯经济最近几个月似乎已恢复增长。同样，据报道，巴西经济已从前几年的衰退中恢复过来，其2017年国民生产总值（GDP）增长率预计为0.5%，而2016年是－3.3%。预计南非2017年国民生产总值增长率为1.4%，与2016年的0.5%形成鲜明对比，并且将在2018年进一步上升到1.8%。

俄罗斯在许多方面仍然是印度的重要战略伙伴，除了国防部门外，其一直与印度在民用核能和水碳部门进行合作。俄罗斯一直支持印度加入联合国安理会等多边平台。巴西由于面积和人口等因素，也是一个具有重要意义的国家，而且也是拉丁美洲其他地区的一个发展跳板。2016年，在金砖国家会议期间，印度和巴西敲定了双边投资协定的文本，并签署了协议，以深化在牛基因组学和农业领域的合作。两国在造船、制药、国防生产、乙醇生产以及石油和天然气等领域有很大的合作空间。同样，无论是在双边合作的基础上，还是作为金砖国家或印度－巴西－南非论坛（IBSA）的伙伴国，印度和南非都至关重要。作为非洲大陆其他国家的发展跳板，南非也具有重要意义。在多领域加强与金砖国家的关系是上一次峰会及之后即将举办的峰会中印度的主要议程。

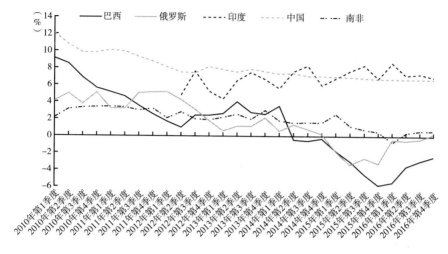

图 1　金砖国家 GDP 增长率

资料来源：标普全球评级预测，《金砖国家邮报》，2017 年 3 月 20 日。

六　金砖国家机构

把金砖国家发展成为一个机构一直是其成员的重要目标之一。因此，新开发银行（NDB）被视为金砖国家所取得的成就，印度率先通过借贷推动可持续发展项目。加强新开发银行双边和多边机制的方法将继续作为金砖国家审议工作的重要组成部分。新开发银行已经批准了超过8 亿美元的在印度、中国、巴西以及南非的四个绿色可再生能源项目。

当然，印度对基础设施投资基金有着无法满足的需求。2017 年 4 月份，印度提出了价值 20 亿美元的贷款项目。显然，这为像新开发银行这样的机构提供了巨大机会，该机构的核心任务是可持续的基础设施发展。2016 年，新开发银行发行了首批人民币绿色债券（约合 4.47 亿美元）。此外，金砖国家应急储备安排（CRA）也在实施中，从而加强了全球金融网的安全。

不仅如此，作为替代西方主导的既定经济组织的论坛，金砖国家正在不断发展。有些人认为，金砖国家不同政治制度的性质也有助于在全球层面采取不同的做法。

有时金砖国家就全球宏观经济、发展援助、国际资源转移以及全球治理等方面达成一致也面临着挑战。

此外，一些研究报告表明，金砖国家成员之间的贸易政策对彼此有负面影响。它们之间的商业关系仍以缺乏和谐与歧视性的贸易扭曲为特点。中国与印度间的贸易不平衡、非关税壁垒或其他形式的歧视做法阻碍了双方之间平衡与和谐经济关系的发展。还有人认为，印度与其他金砖国家成员之间的贸易和商业关系并不是很有必要。

印度也致力于加强金砖国家在服务领域的更多合作以及处理限制金砖国家成员之间货物贸易的非关税措施。正如大家知道的，与制造业相比，印度在这方面有很大优势。

许多其他的金砖国家机构，如金砖农业研究中心、金砖铁路研究网络和金砖体育协会等也将因相互合作和协同效应而获益。为了进一步加强全球治理架构，目前正在探索建立以市场为导向的金砖国家评级机构的可能性。

太空是金砖国家相互合作向前发展的另一个领域。金砖国家航天机构已于 2017 年 2 月初商定了一个共享和交换数据的协议（包括遥感卫星的自然资源图像），以实现互利互惠。虽然只有巴西、俄罗斯、印度和中国拥有太阳同步轨道的遥感卫星，但也将与南非共享数据，因为其没有类似的空间资产。这样将使得金砖国家充分利用现有能力。金砖国家的航天机构计划交换远程教育、远程医疗和各种其他应用程序的数据，这些数据将有利于各成员国家的人民。

七 金砖国家平台现状：印度与中国关系以及自由贸易协定

虽然金砖国家机制的发展对其经济、人口和资源有一定的影响力，也正在朝着正确的方向前进，但其仍需要在地缘政治和经济上取得显著成就。成员之间的战略分歧有时会阻碍其采取协调一致的办法来就国际问题达成共同立场。就印度和中国而言，两国可以在多领域密切合作，但二者之间战略的不一致显然会对作为重要论坛的金砖国家的有效性和运作产生负面影响。

事实上，习近平主席曾表示，"中方愿与印度保持来之不易的良好关系，并进一步加强合作"。

2016 年，中国也提出了在五大主要新兴经济体之间建立自由贸易协定（FTA）的建议，但没有得到其他成员的回应。显然，中国的目标是扩大金砖国家成员之间的贸易，但其他成员都担心中国的进口会损害当地制造商的利益。其他成员也不愿意就独立的金砖国家投资（保护和促进方面）条约进行谈判。印度参加了区域全面经济伙伴关系协定（RCEP），这将是一个包括印度和中国在内的区域自由贸易协定。另外一个问题是，即使是区域全面经济伙伴关系协定可能也不会为印度带来很大的好处。印度和欧亚经济联盟（EAEU）也有可能在 7 月份签署自由贸易协定，双方已接受联合可行性研究小组编写的报告。

金砖国家关于贸易、经济和投资合作的路线图到 2020 年才会得以完成，这一路线图涉及实现这一目标的若干项目和机制。重点是加强在电子商务、"单一窗口"、知识产权、贸易促进和中小微企业（MSMEs）等方面的合作。

事实上，2016 年来自金砖五国的 5 家公司共同组建了一家合资企业，来开采位于赤塔地区的西伯利亚金矿。据估计，前期生产投资在 4 亿～5 亿美元。预计年产量可达 1200 万吨。这个项目可以为金砖国家今后的合作，甚至为金砖国家以外的合资企业提供一种模式。

2016 年 11 月，金砖国家的交通部部长制订了一项行动计划，通过可识别的目标和在集团内发展知识社会的目标，在信息和通信技术领域进行制度化合作。2017 年，希望将这项金砖国家计划作为可持续发展目标的一部分来实施。

总体而言，金砖国家（特别是印度）一直寻求在电子政务、金融包容、有针对性的收益交付、电子商务、开放政府、数字内容和服务以及弥补数字化发展鸿沟等方面与别国展开合作。共同努力的目的在于建设有效参与电子商务贸易的能力，以确保共同利益。事实上，中国阿里巴巴公司在印度电子商务市场有很强的影响力，是亚马逊的强劲竞争对手。图 2 显示了印度在电子商务领域的预计增长。

印度也在推动"蓝色经济"，强调在海洋和其他水产资源中可持续利用渔业资源。使用信息技术（IT）和空间技术有助于提高渔业社区的能力，加强监测、控制和观测系统是金砖国家相互合作的方向，因为金砖国家都是拥有海洋且水产财富的国家。但是，这些资源极易受到环境

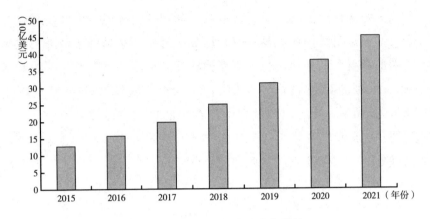

图 2　印度规划的电子商务增长

资料来源：《印度斯坦时报》。

退化、过度捕捞、气候变化和污染的影响。因此，根据联合国可持续发展第 14 个目标，金砖国家应该发展适当的机制或框架，以促进海洋以及沿海生态系统的可持续利用和保护。

八　结论

虽然金砖国家机制的发展对其经济、人口和资源有一定的影响力，也正在朝着正确的方向发展，但其仍需要在地缘政治和经济上取得显著成就。成员之间的战略分歧有时会阻碍其采取协调一致的办法来就国际问题达成共同立场。同样，经济问题也需要以所有利益相关者共赢的方式来处理。美国在新政府领导下正朝着更多的保护主义方向发展，因此金砖国家也有机会在全球治理、相关改革和发展政策方面发出重要声音。作为一个基本框架，联合国可持续发展目标提供了重要的指导方针，金砖国家应在今后几年致力于相互合作。虽然金砖国家扩大了在许多领域的相互合作，但其仍然需要在大多数领域进行深入合作。因此，在未来几年中，金砖国家必须努力保持相关性并成为一个重要且有意义的机构，以发挥替代性作用。

巴西参与"金砖合作"
机制：战略考量及效果分析

中国社会科学院拉丁美洲研究所国际关系研究所副研究员，巴西研究中心执行主任

进入新世纪以来，新兴国家群体性崛起成为国际体系中最受关注的现象，它不仅直接反映出国际格局力量对比的新变化，也为国际体系的调整和改革提供了充分的逻辑。"金砖国家"便是在这一过程中形成并迅速成长起来的多边合作平台，并已对当前美国主导的全球秩序形成了"软平衡"效果。"软平衡"是二类大国应对美国单极主导的一种可行策略，它并非直接挑战美国的军事霸权，却可以利用非军事手段拖延、阻挠甚至破坏超级大国的单边主义政策。[①] 而这种非军事手段便包含机制安排策略，即由一定数量国家之间结成外交协同或联盟机制以约束现有大国的权力，"金砖国家"、"印度－巴西－南非论坛"、世贸组织内的二十一国集团都具备此类特征，目的在于帮助实力较弱的国家在面对强国时争取更大的回旋余地，因此也称为"缓冲性"的制度安排。[②]

事实上，"金砖国家"从概念产生到合作具体化的过程与巴西"南南合作优先"的外交战略安排存在较强的时间吻合度，这不仅体现了巴西强化"金砖合作"的政策逻辑，而且折射出该国对"金砖合作"的

---

① Robert A. Pape, "Soft Balancing against the United States", *International Security*, Vol. 30, N° 1, 2005, p. 10.

② Peter Hays Gries, "China Eyes the Hegemonn, *Orbis*, Vol. 49, N° 3, 2005, pp. 401 – 412.

外交考量。本文旨在从巴西外交战略中的国家身份、对外政策核心目标的角度分析巴西对"金砖合作"的战略考量，并在此基础上评估巴西在过去近十年间参与"金砖合作"的效果。

一 巴西的国家身份定位及对外政策目标

巴西的国家身份定位不仅基于对其自身综合国力的认识，而且也基于该国对国际格局现状与趋势的判断。针对上述两个要素，巴西最近十几年的重要外交文献较为清晰地体现出对于国际格局以及自身国家身份的核心评判：第一，当前的国际权力架构呈现出"霸权结构"的特质，具体构成分为三层：少数经济大国、政治大国和军事大国一起构成国际体系中心，大量的中、小和微型国家构成体系的最外围，上述两类国家之间则由有限数量的外围大国构成。巴西便属于"外围大国"之列，即"不发达的、人口众多的、领土辽阔的、气候适宜的、具有经济潜力的、拥有工业体系和强大的国内市场的国家"[1]，与之身份相类似的还有阿根廷、南非、印度、伊朗、韩国和印尼等国；第二，国际体系是充满冲突、竞争和合作的复杂体，各力量和利益集团的互动决定着国际体系的形态，但国际体系已从单极格局进入到一个日益多极化的过程。[2] 在这种全球体系中，巴西所面临的重要挑战就是克服自身的"对外脆弱性"，这种脆弱性在经济层面上体现为结构性经常项目赤字，在科技层面上体现为技术能力欠缺，在军事层面上体现为硬实力不足，在意识形态层面上体现为依附美国文化霸权，而在政治层面上，则体现为巴西尚未参与到国际主要决策机制之中。[3] 基于上述判断，巴西对外政策就面临两大现实任务，其一是突破自身在国际权力架构中的"外围"身份，尽可能多地参与到国际决策机制中，体现甚至提升本国在国际事务中的声音和影响力。其二是寻

---

① 萨缪尔·皮涅伊罗·吉马良斯：《巨人时代的巴西挑战》，陈笃庆等译，当代世界出版社，2011年5月，第179~186页。

② Samuel Pinheiro Gumarães, "Inserção Internacional do Brasil", *Economia e Sociedade*, (17): Dezembro 2001, pp. 3 – 6.

③ 萨缪尔·皮涅伊罗·吉马良斯：《巨人时代的巴西挑战》，陈笃庆等译，当代世界出版社，2011年5月，第190页。

求多元且有效的全球治理参与路径，以实现突破国家身份制约的目标。从内在基础来看，巴西的精英阶层认为，巴西不应局限在"一般国家"或"外围大国"的定位。尽管巴西的经济实力远不及世界经济强国，但在人口与领土规模、资源禀赋、经济结构等方面具备一般"外围大国"难以比拟的优势，这体现出巴西具备超越"外围大国"，开展更广泛全球参与的先决条件。巴西资深外交家塞尔索·阿莫林（Celso Amorim）① 曾多次表示，巴西是国际舞台上的重要角色，在领土面积、政治民主、经济实力等方面具备多重优势，同时又是一个发展中国家，面临严重的经济和社会脆弱性。但是，巴西不是小国，它不能也不应该只有一个小国的对外政策。② 鉴于此，从某种角度可以体现出，至少在过去二十余年的时间里，巴西对于自身的国家定位是"可以发挥重要作用的发展中大国"，这里所说的"重要作用"既包括"地区领导"的角色，也包括"改变世界"的含义。

早在 2001 年，也就是"金砖国家"概念被提出之前，巴西著名外交智库巴西国际关系研究中心（CEBRI）针对"巴西的国际议程"涉及的巴西国家身份、全球力量格局走势、巴西对外政策优先目标等议题，对"巴西对外政策协会"的 149 名协会成员进行了问卷调查（见图 1）。这份调查较为形象地反映出巴西外交精英阶层对巴西对外政策优先议题的认识，并且也大致勾勒出了巴西对外战略的目标所在。根据笔者的理解，现阶段巴西对外战略的目标主要体现在以下三个方面：第一，实现南美洲的政治经济整合。自 20 世纪 80 年代中后期以来，南美洲一体化一直是巴西对外政策的优先议题，而"建立南美洲经济和政治集团"，并将南美洲建设成为"未来多极格局中的一极"是其地区战略的核心所在③。事实上，实现与南美邻国和平共存、推动地区发展也是巴西履行

---

① 曾于 1993～1995 年，2003～2011 年任巴西外交部部长，2011～2014 年任巴西国防部部长。

② Celso Amorim, "Brazil's Multilateral Diplomacy", *Remarks at the Second National Conference on Foreign Policy and International Politics*, Brazilian Embassy in Washington, 27 November 2007.

③ 萨缪尔·皮涅伊罗·吉马良斯：《巨人时代的巴西挑战》，陈笃庆等译，当代世界出版社，2011 年 5 月，第 214～219 页。

国际责任的重要方面。①第二，通过广泛的国际参与为本国经济发展创造有利的国际环境。在上述调查中，前 6 个议题被认为"极为重要"，其中经济议题占到了 4 项，分别是"贸易促进、减少贸易赤字"（73%）、"南共市建设"（64%）、"WTO 谈判"（55%）和"南美洲能源和运输基础设施一体化"（53%）。另外，"与欧、美开展自由贸易谈判"和"国际金融体系改革"也被 43% 和 39% 的受访者认定为"极为重要"议题。②事实上，自 20 世纪 90 年代以来，发展主题一直是巴西对外政策中的核心内容，也成为判断对外政策合理性的重要依据。③

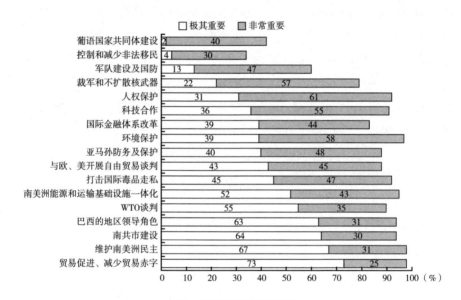

图 1 巴西对外政策目标

资料来源：Amaury de Souza, *A Agenda Internacional do Brasil*：*Um Estudo sobre a Comunidade Brasileira de Política Esterna*, Centro Brasileiro de Relações Internacionais, 2001, p. 42.

---

① Celso Amorim, "Brazil's Multilateral Diplomacy", *Remarks at the Second National Conference on Foreign Policy and International Politics*, Brazilian Embassy in Washington, 27 November 2007.

② Amaury de Souza, "A Agenda Internacional do Brasil：Um Estudo sobre a Comunidade Brasileira de Política Esterna", Centro Brasileiro de Relações Internacionais, 2001, p. 42.

③ Amado Luiz. Cervo, "Relações Internacionais do Brasil：um balanço da era Cardoso", *Revista Brasileira de Política Internacional*, ano 45, nº 1, p. 7.

第三，提高国际社会对巴西"大国身份"的认同，扩大巴西在全球事务中的参与，提升巴西在国际决策过程中的影响力。虽然巴西在各个历史阶段的外交政策存在差异，对自身的国家定位也经历了多次调整，但寻求国际社会对其"大国身份"的认同一直在巴西对外战略中处于核心位置。

二 巴西对"金砖合作"的战略考量

进入新世纪后，随着新兴大国群体性地快速崛起以及在此推动下世界格局"多极化"节奏的提速，巴西外交政策在劳工党执政周期（2003～2016年）内，在"参与型自主"的基础上进一步体现出了"多元化自主"的政策思路，尤其强调通过南南合作的路径，深化巴西在全球事务中的参与度，提高巴西在处理与发达国家关系中的谈判能力，进而改善自身在不对称国际体系中的被动局面。不管是卡多佐政府时期的"参与型自主"，还是劳工党执政周期的"多元化自主"，都体现出巴西外交主动且积极的姿态，相比较而言，"多元化自主"更强调参与路径的多元选择，而南南合作便是后者最主要的增量项。

"金砖合作"是巴西强化南南合作战略的核心体现，也是近十年来巴西对外战略中着力强化的选项。在优先发展南南合作的政策思路之下，巴西将与自身身份相似的新兴大国之间的合作置于重中之重的位置。巴西外交战略专家吉马良斯曾强调，世界体系的单极化和两极化都不符合巴西的国家利益，甚至与巴西的国家利益相违背。对于像巴西这类经济、政治和军事都较弱的发展中国家来说，只有在更平衡、更多元的国际力量格局中才能受益。而与战略利益趋同的"外围大国"深化政治经济合作，实现国际格局的多极化成为巴西国际战略的主要挑战之一。[①] 因此，与印度和中国这些旨在推动多极世界秩序形成和巩固的国家之间的务实接触，逐步建立经济、政治和军事联系应该是巴西对外政

---

① Samuel Pinheiro Guimarães, "Inserção Internacional do Brasil", ibid, pp. 28 – 30.

策的一个切实的优先目标。①

如上所述，"金砖国家"的概念被提出以后，便受到了巴西政府的高度重视，当时执政的卢拉政府即明确了针对发展中大国的外交优先战略，随着国际局势的变化和"金砖国家"重要性的提升，"金砖合作"成为巴西国际战略中越来越重要的组成部分。② 具体而言，巴西对"金砖国家"合作机制的战略考量主要体现在以下两个方面。

第一，"金砖国家"为巴西实现国家发展提供了重要的外部路径。纵观一个多世纪以来的巴西外交，发展议题已经成为对外关系的主要内容并经常占据对外政策的中心地位。究其原因，主要在于，巴西对外部威胁的认知主要集中在经济方面。关于这一点，我们也可以从上文提及的"巴西的国际议程"调查中得到印证，在众多国际议题中，"促进贸易和减少贸易赤字"是被广泛认定为最重要的一项，其逻辑便在于巴西经济的特性以及改善其经济外部脆弱性的发展需求。从这个层面来看，外交是作为支持经济和社会发展规划的一种政策手段。③ 新世纪以来，伴随着世界经济和贸易新一轮的扩张及其后新一轮的危机，以及巴西国内经济调整和政党轮替的状况，巴西外交中的发展取向和社会议程更加突出。④ 针对"金砖国家"的合作，巴西在发展维度的考虑主要基于两个层面。

其一，以"金砖国家"为代表的新兴经济体（或者说发展中国家）对全球经济发挥着越来越重要的引领作用。新兴大国的崛起是后"冷战"时期最重要的现象，这种趋势在 2008 年全球经济危机爆发后

① 萨缪尔·皮涅伊罗·吉马良斯：《巨人时代的巴西挑战》，陈笃庆等译，当代世界出版社，2011 年 5 月，第 218 页。

② Celso Amorim, "Palestra na Reunião Especial do Fórum Nacional do Instituto Nacional de Altos Estudos（INAE）: 'Como ser o melhor dos BRICs'", *MRE*, 3 de Setembro de 2008.

③ Celso Amorim, "Conceitos e estratégias da diplomacia do Governo Lula", *Diplomacia, Estratégia de Política*, Out/Dez 2004, P. 41.

④ 张凡：《巴西外交的"发展维度"》，《拉丁美洲研究》2014 年第 6 期，第 22 ~ 29 页。

变得更为清晰。① 新兴经济体的崛起不仅直接体现在"金砖国家"概念的提出，也反映在该群体国家实际经济体量的变化以及对全球经济增长的贡献等方面。比如，2000~2008 年，中国、印度、俄罗斯、巴西四国对世界经济增长的贡献率高达 30%，而在 10 年之前，该数字仅为16%。② 因此，从中长期趋势来看，新兴经济体逐渐成为全球经济的"增长极"。而考察近现代巴西对外关系史，全球经济重心的变化能够清晰地反映在该国的对外政策中，其中体现得最明显的便是 20 世纪初叶巴西外交重心从欧洲转向北美洲的调整。因此，强化与新兴大国的合作为巴西实现经济社会发展目标提供了另一条外部路径。

其二，降低对发达国家的经济依赖。为巴西经济营造良好的外部环境、争取外部资源、获得与发达国家更好的谈判条件是巴西外交政策的重要指导原则。这里所指的有利的外部环境既包括减轻巴西经济的对外脆弱性和依赖性，增强巴西经济发展的自主权，保持国内经济结构的平衡发展，也包括实现对外贸易的多元化，改变贸易和投资依赖欧、美传统市场的局面，建立公平、合理的国际贸易和国际金融体系，等等。随着新兴大国群体性崛起，巴西具备寻找"替代"或"补充"欧、美发达国家市场与资金的可能性。在这方面，巴西前外长安东尼奥·帕特利奥塔（Antonio Patriota）将巴西与"金砖国家"的协作与 20 世纪初期巴西与美国结盟的外交转型相类比，当时全球经济重心和权力核心从欧洲转移到美国，促成巴美两国间的盟友关系，随着国际格局发展至今，巴西与"金砖国家"的合作也属于同类性质的政策调整。③

第二，"金砖国家"为巴西的国际参与提供了重要的多边合作平台，以提升其国家自主能力和国际影响力。多边主义是巴西外交的重

---

① Celso Amorim, "Brazilian Foreign Policy under President Lula (2003 – 2010): an overview", *Revista Brasileira de Política Internacional*, Special Edition, 2010, p. 215.

② 韦宗友：《新兴大国群体性崛起与全球治理改革》，《国际政治》2011 年第 2 期，第 8 页。

③ "Os Brics são hoje os EUA da época de Rio Branco, diz Patriota", *Folha de São Paulo*, 10 de fevereiro de 2012.

要原则和传统，从 1907 年参加海牙会议至今，巴西积极参与了国际重要多边机制（如国际联盟、联合国）的创立。巴西精英阶层认为，多边主义政策是巴西的"名片"，通过国际多边机制的平台，巴西可向世界展示自己对国际事务的看法和诉求。① 进入新千年以来，随着世界"扁平化"趋势的推进，巴西在创建国际多边合作新机制方面同样发挥着积极作用，如 WTO 框架下的二十国集团、印度 - 巴西 - 南非论坛、基础四国，等等。其政策着眼点不仅在于推动国际体系的转型，也服务于自身的"大国梦"，这种战略能够在最大程度上维护国家主权，巴西外交政策的灵活性和独立性。② "金砖国家"是巴西奉行多边主义外交传统、参与多边合作机制的另一重大实践，给巴西提供了与其他新兴大国共同行动的平台，其目的"不在于推翻国际体系，而是推进体系的改革，并使发展中国家受益"，而"集体发声的效果是各成员单独行动无法比拟的"③。

在联合自强的同时，"金砖国家"也是巴西提升国际影响力的重要途径。首先，通过参与"金砖国家"实现巴西国际战略的维度扩展，提升巴西在国际重大事务中的话语权，从而使巴西在国际社会中获得更大的关注度；其次，通过与"金砖国家"的务实合作，增强发展中国家对巴西国际地位的认同，并将巴西塑造为发展中国家在国际多边机构中的"代言人"角色；再次，"金砖国家"是巴西实现其国际战略目标的可选择路径。"在国际权力格局中占一席之地"④ 是巴西国际战略的核心目标，巴西前总统卢拉甚至曾直接提出"巴西将努力实现一个符合当今

---

① Cíntia Vieira Souto, "Multilateralismo na Política Externa Brasileira: Um novo Papel no século XXI", *Anais Suplementares do XXIII Simpósio Nacional de História*, Universidade de Londrina, 2005, p. 4.

② Daniel Flemes, "O Brasil na iniciativa BRIC: soft balancing numa ordem global em mudança?", *Revista Brasileira de Política Internacional*, 53 (1), 2010, p. 148.

③ José Vicente de Sá Pimental (org.). *Debatendo o BRICS*, Brasília: FUNAG, 2013, pp. 50 - 53.

④ Christian Lohbauer, "O Brasil no Conselho de Segurança da ONU?", *Comentária Político*, Dezembro de 2004, p. 1.

现实的安理会"。由此可以看出，巴西希望通过联合国改革的途径进入国际决策体系的"权力中心"。巴西的综合实力在"金砖国家"中相对偏弱，中国、俄罗斯是联合国的常任理事国，印度、南非则面临着与巴西同样的"入常"使命。因此，加强与"金砖国家"的合作，既可兼顾巴、印、南在"入常"问题上的步调一致，也可针对"入常"问题兼顾对中、俄的公关工作。鉴于此，巴西希望不断强化"金砖国家"的机制化程度，逐渐形成共同的经济和政治战略，不仅让国际社会感知"金砖国家"共同行事的政治决心，而且将"金砖国家"打造成全球治理中的一股力量。基于上述分析，巴西资深外交家鲁本斯·巴尔博扎（Rubens Barbosa）认为，"金砖国家"对于巴西的重要性要强于对其他成员。[①]

三 巴西参与"金砖合作"的效果分析

作为"金砖国家"的成员，巴西在"金砖合作"中的参与体现出自身的特点，而对于巴西参与"金砖合作"的效果评估，既基于上文对巴西参与"金砖合作"的战略考虑的判断，也是基于巴西推进"金砖合作"的特性分析。

第一，经贸成效是巴西与"金砖国家"最显性的成果。"金砖国家"最成功的，或者说体现最明显的，是在经济领域的合作。[②] 进入新世纪以来，在"南南合作"优先、经贸合作为主导的政策引导下，巴西与发展中国家之间的经贸合作节奏得到了较快的推进，比如，巴西与发展中国家的贸易规模在 2002～2013 年增长了 570.8%，高于同期巴西与发达国家之间的贸易增幅（215.8%）。在上述这种贸易趋势中，巴西与"金砖国家"之间的贸易关系体现得尤为明显。巴西对"金砖国家"的出口及其从"金砖国家"的进口增速均呈现出超过其他市场的态势，这表明"金砖国家"在巴西外贸中占据着越来越重要的地位。

---

① José Vicente de Sá Pimental（org.）. *O Brasil, os BRICS e a agenda internacional*, Brasília：FUNAG, 2013, 2ª edição, p. 352.

② José Vicente de Sá Pimental（org.）. *Debatendo o BRICS*, ibid, p. 17.

根据巴西官方的统计，2002~2013年，巴西与"金砖国家"的贸易规模从76.4亿美元增至2013年的1010.2亿美元（约占当年巴西与发展中国家贸易规模的38.2%）。如以2009年首届"金砖国家"领导人峰会为起始时间核算，2009~2013年，巴西与"金砖国家"之间的贸易年均增幅约为27%，高出同期巴西与发展中国家年均20.1%的增幅。自2013年开始，巴西外贸总体呈下行趋势，但相比而言，"金砖国家"仍是巴西外贸下降幅度最小的市场群体。2013~2016年，巴西与发达国家的贸易降幅合计为31.7%，与发展中国家的贸易降幅为33.6%，而与"金砖国家"之间的贸易萎缩幅度约为30.5%（见表1）。另外，从货物贸易收支情况来看，2009~2016年，巴西在与"金砖国家"的贸易中一直处于顺差水平，而在同期与发达国家贸易中，巴西则基本处于逆差的位置（仅在2016年实现41.4亿美元的顺差）。① 因此，从贸易层面分析，"金砖国家"不仅成为巴西对外贸易的"稳定器"，而且是巴西贸易创汇的核心市场，对其经常项目平衡起到关键作用。不过，巴西与"金砖国家"的贸易主要集中在中国与巴西的双边贸易上，与其他成员之间的贸易非常有限。2016年，中巴贸易占巴西与"金砖国家"贸易总量的83.3%，占巴西对"金砖国家"出口的比重高达83.7%，占巴西从"金砖国家"进口的82.8%。客观分析，中巴之间的贸易深化并不完全取决于"金砖国家"机制，而是基于两国互补的供需关系。但是，"金砖合作"为中巴贸易的深化提供了有利的外部环境以及相应的制度支持，这一点尤其体现在"金砖国家"为促进贸易便利化而持续推进的本币结算。与贸易层面相似，"金砖国家"对巴西的投资主要集中体现在中国投资在巴西市场的强势进入，本文对中巴投资关系的具体情况不做赘述。但是，值得一提的是，"金砖国家"组建的新开发银行（NDB）为巴西提供了一条重要的融资渠道。2017年4月，新开发银行与巴西国家社会经济发展银行签署首份针对巴西的贷款协议，支持巴西的可再生能源项目，贷款总额为3亿美元，期限为

---

① 巴西工业、外贸与服务部网站（http://www.mdic.gov.br/），检索日期：2017年5月8日。

12 年。另外，新开发银行还表示将支持巴西的城市建设，参与该国基础设施项目。可以预期，新开发银行将来能对巴西较为欠缺的投资能力形成一定的补充。

表 1　巴西对主要市场群体出口额增（减）幅度比较

年份	发达国家	发展中国家	其他"金砖国家"
2009	− 31.3%	− 13.8%	18.8%
2010	29.3%	33.8%	39.2%
2011	28.3%	25.5%	34.4%
2012	− 4.6%	− 5.9%	− 3.2%
2013	− 3.0%	2.4%	4.4%
2014	− 5.3%	− 8.3%	− 6.5%
2015	− 17.8%	− 12.3%	− 14.7%
2016	− 1.9%	− 3.3%	− 2.4%

资料来源：巴西工业、外贸、服务部（http://www.mdic.gov.br/）。

第二，"金砖合作"为巴西拓展了参与全球政治与安全事务的渠道。通过首脑峰会、外长会晤、安全事务高级代表会议等渠道，"金砖国家"在涉及政治、安全议题上的协商有了明显的强化，涉及的问题从 2009 年首届领导人峰会时仅有的恐怖主义问题不断延伸至联合国改革、利比亚局势、阿以冲突、叙利亚局势、伊朗核问题、阿富汗问题、南苏丹人道主义危机、乌克兰危机、跨国有组织犯罪、网络安全、海盗问题、毒品问题、索马里局势、外太空军备竞赛等具体议题。尽管"金砖合作"在过去近十年间主要聚焦在成员之间经贸合作建制和全球金融体系改革层面，但也逐渐在国际政治、安全事务中体现出上升的影响力，尤其是在地区冲突解决方面，一定程度上形成了对美国单边军事行动的"软平衡"力量。巴西在全球政治、安全事务中的参与相对较为谨慎，这与巴西自身的地缘政治环境及其海外利益布局相对有限有着很大的关联性。因此，巴西不主张给"金砖国家"赋予更多的政治、安全含义。但是，随着"金砖国家"对话渠道的不断丰富以及协商议题涵盖面的扩大，巴西与"金砖国家"其他成员在全球政治、安全议题上的契合度有所提升，尽管依然保持着明显的差异性，但是其立场与"金砖国家"其他成员呈现靠拢的迹象，改变了以往在相关热点问题上与部分"金砖国家"持对立立场的局面。

第三，"金砖合作"让巴西收获"政治红利"，国际影响力获得显著提升。巴西的国际影响力与"金砖合作"不断延伸和强化存在较大的关联度，巴西政界、学术界甚至提出，"金砖国家"的出现是过去30年全球体系大变革的重要例证，对巴西来说，则是最好不过的"全球营销"手段，从实际效果来看，巴西是受益于"金砖合作"最多的国家。① 除上述所论及的"经济红利"外，巴西从"金砖合作"收获的"政治红利"主要体现在以下几个方面：其一，"金砖国家"成为巴西推进其"入常"目标的重要平台。针对"金砖国家"涉及的"入常"问题，巴西学术界曾有过激烈的讨论，争论的核心在于中国对巴西"入常"的态度。② 当前，巴西在这一问题上的立场逐步趋于理性：尽管"金砖国家"尚未明确安理会扩员数量，但对于改革却存在共识，这一点符合巴西的利益。③ 事实上，联合国全面改革问题一直是"金砖国家"首脑峰会着重强调的议题，尤其强调"重视巴西、印度、南非在国际事务中的地位，支持其在联合国发挥更大作用的愿望"。因此，除了在"入常"问题上已结成的"四国集团"（日本、德国、巴西、印度）外，"金砖国家"已成为巴西"入常"战略的另一平台。其二，"金砖合作"提升了巴西在全球经济治理中的地位。在全球经济议题中，巴西的影响力主要局限在贸易领域，该国不管是在最初的关贸总协定的确立过程中，还是在后来的世贸组织多边谈判中都体现出积极的参与姿态。但是，在全球金融事务最核心的决策机制（尤其是世界银行和国际货币基金组织）中，巴西基本属于绝对边缘的角色。"金砖国家"成型后，五国在两大机构中的协商效率迅速超过代表发展中国家的11国董事会（G11），并很快达成集体向国际货币基金组织注资的决定，从而最终促

---

① José Vicente de Sá Pimental（org.）. *O Brasil, os BRICS e a agenda internacional*, ibid, 2ª edição, pp. 347 – 357.

② 参见周志伟《中巴关系"伙伴论"与"竞争论"：巴西的视角》，《拉丁美洲研究》2014年第2期，第17~23页。

③ José Vicente de Sá Pimental（org.）. *Debatendo o BRICS*, ibid, p. 50.

成了该组织 2010 年份额和治理改革方案。① 此轮改革后，巴西所占的份额从第 14 位上升至第 10 位，其份额增幅仅次于中国（见表 2）。其三，"金砖国家"不仅提升了巴西的国际身份，而且也强化了国际社会对其身份的认同。二十国集团的发展和"金砖国家"的成型存在较强的关联性，这两个重要机制使巴西的国际身份有了更准确的定位。一方面，参与二十国集团是对巴西新兴经济体身份的认可；另一方面，加入"金砖国家"则体现了巴西在新兴经济体中的重要代表性。通过"金砖合作"以及"积极且自信"的外交安排，巴西在全球事务中的重要性有了大幅提升，在"入常"问题上，巴西获得多数发展中国家和英国、法国、俄罗斯等三个安理会常任理事国的支持，国际社会对巴西"入常"的认同度达到历史最高点。② 另外，在国际多边机构领导人选举中，巴西先后获得联合国粮农组织、世贸组织两个重要机构的总干事席位，这也是对巴西积极参与全球事务及其上升的国际影响力的认可。

表 2　国际货币基金组织份额改革情况

单位：%

	改革前			2008 年改革				2010 年改革			
	份额	投票权	排位	份额	增幅	投票权	排位	份额	增幅	投票权	排位
南　非	0.859	0.854	25	0.784	-0.075	0.770	27	0.640	-0.144	0.634	34
巴　西	1.395	1.375	18	1.783	0.388	1.714	14	2.316	0.533	2.218	10
中　国	3.718	3.650	6	3.996	0.278	3.806	6	6.394	2.398	6.071	3
印　度	1.911	1.886	13	2.442	0.531	2.337	11	2.751	0.309	2.629	8
俄罗斯	2.732	2.690	10	2.494	-0.238	2.386	10	2.706	0.212	2.587	9
金砖国家	10.615	10.455	—	11.499	0.884	11.013	—	14.807	3.308	14.139	—
其他发展中国家	—	—	—	0.0	1.768	2.7	—	2.8	2.7	2.6	—

资料来源：国际货币基金组织（IMF）。

---

① José Vicente de Sá Pimental（org.）. *O Brasil, os BRICS e a agenda internacional*, ibid, pp. 467 - 469.

② 周志伟：《巴西崛起与世界格局》，社会科学文献出版社，2012，第 188 页。

四 结语

"金砖国家"的成型与发展已成为一种政治现实，尽管它最初是由高盛公司植入的概念，但之后的发展却是基于各成员深化相互合作的意愿。巴西对"金砖合作"持有积极参与的态度，这既源于其国家身份的定位，也与自新世纪以来巴西优先发展"南南合作"的外交安排密切相关，还与新兴大国群体性崛起以及国际体系转型存在重要的关联。巴西对"金砖合作"的政策目标主要基于经济发展和国际参与的考量，这与巴西对外政策的总体目标具有高度的一致性，从这个逻辑来看，"金砖合作"既是巴西国际战略的重要组成部分，也是执行其国际战略的选择路径。从参与效果来看，巴西在"金砖合作"中实现了自身的政策目标，不仅强化与几大重要新兴大国的经贸纽带，收获了"政治红利"，而且也提升了本国的国际影响力，获得了国际社会的一定认可。正因为如此，"金砖合作"可以说是巴西"成本收益率"较高的多边外交实践。

2016 年，巴西政府发生了重要更迭，特梅尔执政后的巴西对外政策走向备受关注。事实上，2016 年 4 月 18 日，也就是巴西众议院以多数票通过了对罗塞夫总统的弹劾案后的第二天，时任巴西参议院对外政策委员会主席阿洛伊西奥·努内斯（Aloysio Nunes，后任特梅尔政府内阁外长）出访美国，其间在接受 BBC 采访时表示，劳工党的对外政策是基于"美国是一个渐入颓势的大国和帝国主义国家"的判断，对新的集团采取接近的态度，而这些是需要改变的，美国应该被纳入巴西开展自由贸易谈判的对象国范围。① 从这种表态来看，特梅尔政府对外政策的调整思路强调"在南、北之间保持平衡"，这与劳工党执政时期"优先发展南南合作"的政策导向存在一定差异，其中"改善对美关系"成为特梅尔政府外交的重要"增量项"。受上述政策调整思路的影响，南南

---

① João Fellet, Temer pediu ajuda para rebater 'discurso de golpe' no exterior, diz tucano em miss'ao nos EUA, *BBC Brasil*, 19 de abril（http://www.bbc.com/portuguese/noticias/2016/04/160419_ entrevista_ aloysio_ nunes_ jf_ ab，检索日期：2017 年 5 月 27 日）.

合作或将逐渐脱离巴西对外政策的主线，而根据本文第二部分的分析逻辑，巴西对"金砖合作"就存在着政策重建的可能性。但是，特朗普在赢得美国大选后，其孤立主义的政策主张与特梅尔政府对美利益诉求存在明显错位，因此，巴西对外政策存在"再调整"的必要性，在这种局面下，"金砖合作"对巴西外交的战略依托作用有可能显得更为关键，尤其是考虑到中国对于巴西应对本国经济困境的重要性，巴西不太可能扭转劳工党政府对"金砖合作"的政策方针。另外，从巴西国内局势来看，特梅尔的执政并未使巴西走出政治经济危机，国内复杂的政治斗争、经济连续衰退、民意不断走低等因素，不仅决定了外交在政府工作中的边缘位置，而且不具备重构对外政策的政治环境。由于巴西通过"金砖合作"已收获了诸多显性红利，加之"多边主义"一直是巴西外交的重要传统，因此，巴西仍将延续在全球治理层面与新兴国家之间的协作关系。相较而言，在当前巴西政局仍不稳定的局面下，对"金砖国家"强化政治安全合作的政策倡议会更为谨慎，涉及贸易、投资的发展合作成为巴西对"金砖合作"的优先考量。

2017 年达沃斯论坛后的金砖国家

——巴西:新时代的协调发展战略

Ana Flávia Barros Platiau

巴西利亚大学国际关系研究所研究生部主任

Jorge Gomes do Gravo Barros

巴西独立咨询顾问

金砖国家各成员有着不同的发展战略，作为一个组织集团，金砖国家必须将这些战略加以协调。本文侧重于从两个角度分析在战略协调中面临的挑战。第一个角度是赋予中国权力。自特朗普上任以来，美国拒绝在当前全球秩序下承担世界领导责任。第二个角度是巴西对金砖国家的看法。虽然金砖国家自 2006 年以来取得了长足发展，但其现在面临的主要挑战是解决成员之间的实力不对称问题，从而制定出旨在应对全球变化的金砖国家战略。

一　新时代下的金砖国家

在 2017 年达沃斯世界经济论坛之后，自美国总统唐纳德·特朗普决定放弃美国对西方自由主义的领导以来，金砖国家面临着新时期①。因此，习近平主席借机重申中国愿意在推动自由贸易发展、维持气候稳定以及在全球治理中发挥核心作用。从最近的各个大会，如 2017 年达沃斯世界经济论坛、意大利七国集团峰会以及 2015 年的巴黎气候变化大会的会议成果来看，世界确实需要一个领导者。同样，现在看来，北

---

① 另有观点认为，转折点是美国没能成功劝说盟友不要加入亚洲基础设施投资银行。参见：http://www.johnrosseconomics.com/foreign – policy.html. Accessed on 12 June 2017.

美自由贸易协定（NAFTA）、跨太平洋伙伴关系协定（TPP）、跨大西洋贸易与投资伙伴关系协定（TTIP）以及同样重要的北美的亚洲政策等多边机构和稳定性与 2016 年相比更加脆弱。

在世界迅速变化的背景下，即便自 2006 年以来金砖国家做出了很大改变，但仍然面临着许多难以应对的挑战。金砖国家仍是一个松散的国家联盟，各成员之间推行不同的外交战略，寻求在全球舞台上得到更大的认可和话语权。金砖国家只是一个非正式的磋商组织以及外交共识的临时产物，其主要目标是建立一个多极化的世界，即减少七国集团的影响力。这意味着金砖国家不再仅仅把推动多边机构改革作为目标，而且其还成为中国向全球推广其利益的平台，尽管金砖国家集团尚未与中国的"一带一路"倡议（OBOR）① 连接起来。金砖国家不是什么也同样值得注意。金砖国家不是命运共同体（Barros – Platiau and Mazzega，2017；Kalout and Degaut，2017），不是对抗西方的战略联盟，未来也不可能成为能与欧盟相媲美的经济集团。

大致来说，当金砖国家在俄罗斯正式宣布成立以来，其取得了三个主要成果，这三项成果都与中国直接相关。第一，南非成为金砖国家第五个成员，这是由于中国在南非利益的扩大而促成的。第二，赋予中国权力。2008 年，中国的国内生产总值不足金砖国家国内生产总值之和的 50%，如今，这一比例占到近 70%。因此，可以说金砖国家是由中国主导的，因为中国是金砖国家当中唯一的"薪资主管"。与此同时，虽然印度 – 巴西 – 南非论坛（IBSA）② 已经不复存在，但是金砖国家正在向

---

① One Belt, One Road, launched by President Xi Jinping at the OBOR Summit in Beijing in May 2017. Shepherd, C. " China's Xi says Belt and Road summit reaches consensus, achieves positive outcomes". Available at：http：//www. reuters. com/ article/us – china – silkroad – idUSKCN18B11S. Accessed on June 12, 2017. There are also other initiatives that could be tighter to the BRICS agenda, like the maritime one, or others related to trade.

② India, Brazil and South Africa Forum, created in 2003 after a Brazilian initiative. Its last summit was held in Pretoria, 2011. http：//www. itamaraty. gov. br/pt – BR/ politica – externa/mecanismos – inter – regionais/3673 – forum – de – dialogo – india – brasil – e – africa – do – sul – ibas. Accessed on June 12, 2017.

一个更加统一的集团转变。第三，金砖国家新开发银行于 2014 年成立。这可能被视为巩固金砖国家集团的重要一步，或者说为金砖国家将来的巩固提供了新的具体的机遇。

为了讨论协调金砖国家发展战略的问题，本文将重点介绍中国这一"游戏规则改变者"以及巴西关于协调发展战略的观点。巴西认为，金砖国家是一项双赢的倡议。因为它为巴西提供了一个加强与俄罗斯和亚洲合作的机会。

二　中国的"思想领导力"？

约翰·罗斯（John Ross）（2017）写道，中国的发展模式优于西方，因此，中国具有作为全球秩序捍卫者的"思想领导力"。尽管现在预测"让美国再次强大"这一政策必将失败还为时过早，但越来越多的观察人士认为，中国的外交和贸易举措拥有全球影响力（Allison, 2017; French, 2017）。

赋予中国权力有两个主要原因。首先是中国经济在过去 30 年里取得了重大成就，尽管 2017 年其经济增长率维持在 6.5%。因此，中国对全球秩序的影响力可能是现代历史上最为重要的。中国不仅加入了世界上最为重要的多边组织，而且认可了联合国的多边条约，最为重要的是2001 年的世界贸易组织条约。[①]

谈到基础设施建设的长期发展，中国的"一带一路"倡议和海上战略被认为与第二次世界大战之后帮助欧洲重建的"马歇尔计划"有着同样重要的地位。显然，"一带一路"倡议与"马歇尔计划"提出的背景以及涵盖的范围有着很大的不同，但它们都是给全球发展带来重大变革的"大计划"。虽然北京发布了价值 500 亿美元的预算计划，但一些观察人士认为，真正的投资可能是预算的 5 倍，约为 2500 亿美元。从这个意义上来看，"一带一路"倡议雄心勃勃，这加强了其他金砖国家成员，

---

① 尽管如此，欧盟和美国仍未承认中国的市场经济地位，因此北京将这些争论带到 WTO 机制中。L. Hornby, S. Donnan, R. Toplensky, " Beijing's Ire over WTO Status Mars Unity with EU on Climate". *Financial Times*, 12 June 2017. Available at: https://www.ft.com/content/bdd7da32 - 4e53 - 11e7 - bfb8 - 997009366969. Accessed on June 17, 2017.

特别是俄罗斯和印度的外交敏感度。俄罗斯已经被中国的影响力所吸引。而对印度来说,由于中国在巴基斯坦以及其他印度邻国的投资对印度形成包围之势,同时,中国与印度也在非洲进行利益竞争,因此其对"一带一路"倡议高度敏感。

巴西和南非暂时尚未加入"一带一路"倡议,因为北京的计划是加强政策沟通、道路联通、贸易畅通、货币流通以及民心相通。但这并不意味着中国在巴西和非洲的投资不足①。自 2009 年以来,中国是巴西在基础设施、物流、能源、石油和银行等战略部门最积极的投资者之一(Ramos – Becard,2017)。此外,目前正在讨论的最大的基础设施建设项目是连接巴西和秘鲁之间的铁路线。而中国在非洲的投资也在迅速增加,占非洲全部投资的近 15%②。例如,2003~2017 年,埃及、阿尔及利亚和尼日利亚是中国投资的首要目的地,中国在这些国家的投资总额达到 350 亿美元③。中国在埃塞俄比亚和肯尼亚建设的造价高昂的铁路线最近也已经开始运营。

在贸易议程上,唐纳德·特朗普总统退出跨太平洋伙伴关系协定为中国创造了新的机遇。从这个意义上来说,中国表现出卓越的外交技巧,即在国际"棋局"出现重大变化时能很快抓住机遇,并做出适应性举措。北京是否会加入到跨太平洋伙伴关系协定当中还有待观察,但现在任何一种可能性都存在。甚至美国可能会在特朗普丧失权力之后重返跨太平洋伙伴关系协定。同时,东盟和区域全面经济伙伴关系协定(RCEP)正在努力适应新情况。

另一大问题是气候变化。自 1992 年以来,多边谈判在各国承担共同

---

① Wu Baiyi. "Latin America Is the Latest Focus of China's Major – Power Diplomacy". China – US Focus. 21 January 2015. Available at:http://www.chinausfocus.com/foreign – policy/latin – america – is – the – latest – focus – of – chinas – major – power – diplomacy. Accessed on 17 June 2017.

② D. Pilling, "Chinese Investments in Africa:Beijing's Testing Ground", *Financial Times*,14 June 2017.

③ D. Pilling, "Chinese Investments in Africa:Beijing's Testing Ground", *Financial Times*,14 June 2017.

且有区别的责任这一问题上存在两极分化。在 2009 年《京都议定书》签署后，各国又于 2015 年达成《巴黎气候变化协定》，而特朗普总统决定使美国退出这一协定。中国与欧盟签署了联合宣言，"消除"了北美退出给气候框架造成的负面影响，填补了由美国退出造成的"领导力真空"①。

在服务、技术和创新方面，避免硬实力和软实力在理论上的差异是十分关键的②。另外，金砖国家的双边合作比集团层面上的合作在规模上更大，在时间上更久远。中国和巴西在卫星领域的合作自 1988 年就已经开始③。中国和俄罗斯也在商业航空飞行领域开展了合作。中国也与印度在高速铁路方面进行了合作。印度被认为是"世界办公室"，年度国民经济增长率约为 7%，印度正在将其服务向东方拓展。许多西方品牌面临着腾讯、微信、阿里巴巴淘宝、滴滴出行等中国企业的竞争。

此外，在人文交流上，中国正扩大在全球范围内建立孔子学院。孔子学院这一文化举措已经可以与美国、法国、德国和西班牙的文化举措相媲美。巴西目前有 9 所孔子学院。尽管在数量上少于其他欧洲国家的文化交流中心，但孔子学院都设立在顶尖大学的校园内。在学术界，中国大学质量的提升速度在世界上是最快的，其他金砖国家的大学已经无法与中国的大学相提并论。

另外，美国在 20 世纪提出了"美国梦"，目的是在世界范围内构建一种美国统治下的和平愿景。中国国家主席习近平同样提出了"中国梦"④，其目的是让世界相信中国的和平崛起，而"中国梦"与"一带一路"倡议密不可分。

简言之，如表 1 所示，中国在许多方面都处于世界前列。2016 年，

① A. Jansson, "Analysis of Europe：MAGA is MEGA". Available at：https：// www. linkedin. com/pulse/analysis – europe – maga – mega – alexander – jansson. Accessed on 12 June 2017.

② Joseph S. Nye, *The Future of Power*, New York：Public Affairs, 2011, p. 84.

③ Available at：http：//www. cbers. inpe. br/sobre_ satelite/historico. php. Accessed on 12 June 2017.

④ https：//www. ncuscr. org/content/full – text – president – xi – jinpings – speech. Accessed on 12 June 2017.

各主要国家在全球范围内已达成广泛共识，认为美中对话是世界新的轴心，许多观察人士甚至提出"两国集团（G2）"将会形成。这意味着自2008 年严重的体制危机爆发以来，欧洲丧失了大部分权力，导致权力向亚洲转移。但自美国总统特朗普决定退出多边协定和多边贸易伙伴关系后，领导力真空越来越大。事实上，传统的欧洲 - 大西洋轴心过于脆弱，新的世界轴心即将形成。新的世界轴心可能是中国主导下的国家联盟，即中欧轴心、中俄轴心或中印轴心。无论出现什么样的世界轴心，中国都将是其中的一部分。因此，中国国家主席习近平提出了中国的"思想领导力"。

表 1　中国的伙伴

领导力	议程
中欧	能源、气候及环境问题
中俄	安全
中印	服务
中国主导的国家联盟	"一带一路"倡议及海上战略
金砖国家	二十国集团，贸易与平行秩序

资料来源：作者自行整理。

习近平主席表示，自 2008 年金融危机爆发后，西方自由主义秩序遇挫，唐纳德·特朗普当选美国总统、民粹主义的兴起以及英国退欧都是由此导致的。工业化国家不再能够为它们主导的多边机构提供公共产品，如世界和平与安全、食品安全、气候稳定（Prantl，2014）。更不用说繁荣、正义、平等和尊严。形势已经发生转变，西方世界需要东方国家帮助其提升生活水平，而新崛起的中国和印度等国家正在扮演新的角色。

赋予中国权力的第二个原因是逐步建立"平行秩序"，这一概念是奥立弗·斯图恩克（Oliver Stuenkel）①在谈及如何在现有体制存在的情

---

① "O Brasil, o BRICS e a Agenda Internacional"（"Brazil, the BRICS and the International Agenda"）. Fourth Roundtable on BRICS. 18 May 2017. Ministry of Foreign Affairs（Itamaraty）and FUNAG, Brasilia, Brazil. Available at：https：// www. youtube. com/watch？v = esUCnPZhiQk&t = 14563s. Accessed on 17 June 2017.

况下创立新体制时提出的。然而，有人认为这并不是平行秩序，因为平行线永不相交，而平行秩序却并非如此。相反，新体制蕴含于旧体制当中，并与旧体制展开竞争①。这就是中国需要金砖国家的原因。的确，在提供公共产品的能力方面，西方自由主义秩序表现出明显的弱势（Prantl，2014）。这一现象在安全议程上体现得最为明显。欧洲－大西洋领导并没有为叙利亚以及周边国家提供和平与安全这一公共产品。西方自由秩序的衰落在维护气候稳定方面也可见一斑，2015年提出的《巴黎气候变化协定》以及可持续发展目标也仅仅是外交承诺，并没有得到强大政治领导力的支持。此外，经济、贸易和金融方面的全球治理也未能涉及新兴经济体。

在西方多边机构改革乏力的情况下，令人印象深刻的是评估在新机构中如何实现权力向亚洲转移。这些新机构的主要特点是规模小，属于洲际机构，同时这些机构正逐渐由中国主导。这些特点意味着很多国家，特别是最不发达国家被排除在外。然而，关于新机构的合法性这一问题，必须从以下事实来看：金砖国家人口数量几乎达到世界总人口数的一半，其中，生活水平维持在贫困线附近的人口比例在世界范围内是最高的。换言之，金砖国家贫困人口数量高于世界其他地区。从外交的角度来看，贫困人口比例已经是联合国面临的一项重大挑战，因为没有人能够声称占世界四大洲人口数量一半的国家组织不具备合法性。

在全球治理方面，人们可能会将金砖国家与七国集团进行比较。七国集团的目标是规划21世纪发展道路，并提供公共产品。新开发银行（NDB）以及亚洲基础设施投资银行（AIIB）直接与世界银行（WB）和国际货币基金组织（IMF）展开竞争。它们不与现有机构进行对抗，只为推动南半球国家合作议程。

虽然安全和地缘政治更加复杂，但仍可以说上海合作组织（SCO）的职能正在向北大西洋公约组织（NATO）靠拢。在安全和外交政策议程上，习近平主席推动了重大的机构变革（Cabestan，2017）。印度最近加入了上海合作组织，这十分关键，因为美国和日本同样也是印度的战

---

① 我感谢 Jochen Prantl 博士从澳大利亚国立大学发来的评论。

略合作伙伴。在不久的将来,网络安全、核扩散、和平谈判、亚洲地缘政治、海上争议、恐怖主义和冲突管理将会受到不同的对待。

总之,金砖国家议程可能会越来越多地受到中国愿景的影响。因此,其他成员必须解决金砖国家内部权力不对称的问题。在 2017 年举行的厦门峰会上,北京的任务就是协调金砖国家的不同战略,而这一任务与 2011 年相比要困难得多。

三 从巴西角度协调金砖国家发展战略

在 21 世纪,巴西有两个主要目标,即推动联合国体制改革和促进南南合作。巴西的外交政策至少分为四个方面:区域一体化、贸易扩张、联合国安理会改革以及金砖国家。但巴西在这四个方面并没有取得很大的成果,也不能很好地塑造其自己的“大战略”(Barros – Platiau and Barros, 2016;Kalout and Degaut, 2017)。

在讨论外交战略之前,一个主要的问题是金砖国家对巴西来说意味着什么?在总统卢拉和外交部部长塞尔索·阿莫里姆的领导下,巴西提出了“更为积极主动的外交范式”(Amorim, 2015)。这意味着巴西打算寻求多边主义,以新兴大国的名义适应新的多极化。2010 年,迪尔玛·罗塞夫接替卢拉成为总统后,并没有制定这样的外交目标(Cervo and Lessa, 2014)。2016 年 5 月,罗塞夫被弹劾,巴西副总统米歇尔·特梅尔接任成为新总统。然而巴西的外交政策并没有恢复到原来的发展势头,因为巴西必须将注意力放在解决国内危机和经济崩溃以及上述三位前总统史无前例的腐败问题上。

在这个紧要关头,印度 – 巴西 – 南非论坛走向失败,金砖国家也被搁置一边,并且公共机构对南方共同市场的意见不一。一些机构建议巴西应该离开这个区域集团,加入更加注重实效的贸易伙伴关系,跟随智利的路线。其他机构称南方共同市场将不是一个自由贸易区,但其可以在短期内增强市场促进机制。但更保守的机构仍然认为,南方共同市场具有广阔的发展前景,其与欧盟之间的协议将于 2017 年年底成为现实。因此,金砖国家是巴西参与的唯一强大集团。

令人难以置信的是,巴西对金砖国家议程持十分谨慎的态度。金砖国家仍将只是一个对话机制，而不是一个政治协调小组。因此，巴西驻华大使马尚先生（Marcos Caramuru dePaiva）在2017年5月表示，金砖国家议程应该受到约束，并聚焦于各成员早已达成一致意见的事项①。这似乎是巴西政府目前的主流观点，即外交战略将是首先分享意见，然后确定优先事项，最后商定实现共同目标的必要手段。

因此，巴西面临的有关金砖国家的挑战和机遇仍将有限（Degaut，2015）。换句话说，在加强外国投资方面，巴西对金砖国家的需求将少于对金砖国家新开发银行和双边伙伴关系的需求。除了之前所述的对核裁军的关注，巴西的外交议程对战略问题的关注要少于经济和贸易关系。换言之，巴西对金砖国家没有"大战略"，或者没有吴翠玲（Evelyn Goh）和Jochen Prantl（2017）所谓的"战略外交"（Kalout and Degaut，2017）。

巴西将金砖国家作为其经济和政治脆弱性的担保，其可能有一个非常谨慎的金砖国家发展战略，该发展战略表现在三个方面。首先，该集团的任何扩张都不会受到巴西的欢迎，更不必说欢迎那些明显反对西方秩序的国家，如印度尼西亚、伊朗、土耳其和埃及。事实上，不同于所有其他金砖国家成员，巴西是西方国家和联合国多边秩序与法律的坚定推动者。其次，就金砖国家议程而言，巴西希望金砖国家议程将关注更广泛的发展问题并将融资集中在南部，而不是关注地缘政治问题，无论是叙利亚、乌克兰及朝鲜问题，还是网络安全问题。就议程的扩张而言，巴西对农业和能源的关注要高于其他问题。最后，巴西利亚和比勒陀利亚一样，似乎并没有为深化金砖国家的制度化做准备。设立秘书处、建立更多规则和更强归属感等问题并不属于巴西为金砖国家所开发蓝图的一部分。

换言之，对巴西来说，只要金砖国家可以在短期内保证外国直接投

---

① He is the Brazilian Ambassador to China, "O Brasil, o BRICS e a Agenda Internacional" ("Brazil, the BRICS and the International Agenda"), Fourth Roundtable on BRICS. 18 May 2017, Ministry of Foreign Affairs (Itamaraty) and FUNAG, Brasilia, Brazil. Available at: https://www.youtube.com/watch? v = esUCnPZhiQk&t = 14563s. Accessed on 17 June 2017.

资，其便是巴西的一个优先事项。这意味着巴西也期待着改善与欧洲和日本，甚至与美国和加拿大的关系，扩展与所谓"传统伙伴"的外交谈判。巴西利亚也计划在不久的将来加入经济合作与发展组织。在全球和各主要国家都存在不确定因素的背景下，巴西不能以更民主的全球治理或更强的地缘政治威望的名义来承担风险。因此，巴西外交政策的目的只有一个，即证明巴西的政治及制度性危机已经结束，巴西是一个适合投资的完美国家①。

这在很大程度上解释了巴西在与联合国改革和当前安全议程有关的其他问题上的低调外交。两个主要的例外是巴西对法国"不使用否决权的责任"倡议和联合国"全面禁止核武器"运动的支持。事实上，鉴于大宗商品超级周期的结束，巴西的外交话语不再大幅偏离其正在面对的国家现实和约束条件。这也意味着，如果米歇尔·特梅尔（Michel Temer）总统在其 2018 年 12 月任期结束之前一直执政，巴西与金砖国家的关系便不大可能改变。此外，巴西经济深深地依赖于中国。

金砖国家面临的主要挑战是什么？毫无疑问，是它的协调和扩张。到目前为止，由于没有共同的观点，也没有明确的基本战略，该集团在反复讨论各项具体事务上面临着很大困难。然而，该集团的目的并不是成为一个协调机构。它的目的仅仅是建立一个协商机制，并尽可能成为一个建立共识的机制。因此，建立信任和分享意见是该集团迅速发展需要采取的两项必要措施。

从这个意义上讲，就实用主义外交而言，协调对于那些支持一个强有力的金砖国家的人而言更像是一个外交理想，而不是一个现实。金砖国家在议程设置、部长级会议和磋商方面确实加快了发展进程，金砖国家议程涵盖从贸易防御措施协调到大学网络等众多领域。自德班外联机制被采用以来，一些开放活动得到推广。当然，2017 年厦门金砖峰会将

---

① M. Temer, "O Brasil na Rússia e na Noruega", O Estado de São Paulo newspaper, June 17, 2017. Available at: http://opiniao.estadao.com.br/noticias/geral, o - brasil - na - russia - e - na - noruega, 70001843448. Accessed on June 18, 2017.

关注务实合作和南南对话①，但是，巴西希望把焦点放在一致的意见、方式和手段上，从而实现金砖国家的目标。

四　结论

关于金砖国家目前有两个相反的看法。一些分析人士认为金砖国家应该让五个成员共同发挥作用。有以下两个原因。首先，中国和印度的经济增长率分别为 6.5% 和 7%。如果说金砖国家过去是出于外交利益建立的，即利用国家集团更大的发言权来推动以国际货币基金组织为首的国际机构改革，那么现在金砖国家的新议程是机构设立。南非加入金砖国家或许可以看作金砖国家新发展周期的开始。但最为重要的，无疑是新开发银行的创立以及对能源项目的初步关注。

相反，更加注重现实的分析人士则更愿意将金砖国家当前面临的限制清楚地呈现出来。首先，金砖国家并非对所有成员来说都是优先项目。对于中国而言，金砖国家是其与全球其他大国进行外交交流的工具。对于俄罗斯而言，金砖国家为其提供了一个从西方世界解脱的机会。而对印度和巴西而言，它们能够获得低成本的承诺。对于非洲大陆领导者南非来说，金砖国家为其提供了一个参与到国际体系当中的机会。但金砖国家以及世界秩序的不断发展和演变让中国成为"游戏规则的改变者"。

然而，在不对称性、身份认同和承担义务方面，金砖国家对巴西来说既是机遇又是挑战。巴西的看法是，金砖国家不能成为一个反西方联盟，也不会妨碍其加入经济合作与发展组织或对南方共同市场提供更多支持。中国和印度都渴望保持增长率并对欧亚大陆、非洲和拉丁美洲传统强国构成更强的竞争。俄罗斯和其他较小的金砖国家成员对加强金砖

---

① Ambassador Li Jinzhang, "O Brasil, o BRICS e a Agenda Internacional" ("Brazil, the BRICS and the International Agenda"), Fourth Roundtable on BRICS, 18 May 2017, Ministry of Foreign Affairs (Itamaraty) and FUNAG, Brasilia, Brazil. Available at：https：//www. youtube. com/watch? v = esUCnPZhiQk&t = 14563s. Also：http：//riodejaneiro. china – consulate. org/pot/bxyw/t1462789. htm. Accessed on 17 June 2017.

国家内部投资和贸易流动感兴趣。最后，安全是最复杂的议题，因为在巴西的边境不存在威胁，但中国、印度和俄罗斯对彼此都构成了威胁。

就金砖国家的发展战略而言，巴西不愿意在今后几年使金砖国家扩展到伊朗、印度尼西亚、土耳其等国，而一些中国和俄罗斯观察家认为，伊斯兰国家的加入可能会为金砖国家带来更多的合法性。巴西利亚并没有正式将议程的发展推进到其他问题上，而金砖国家成员仍需要在这些问题上达成一致意见并更倾向于关注投资和贸易，或者关注它们已经开始着手研究的课题。最后，巴西利亚在投身于金砖国家的规范化之前需要更多时间。这三个问题是 2017 年金砖国家峰会协调议程的关键。

参考文献

Allison，G.（2017）Destined for War：Can America and China Escape Thucydides' Trap? Houghton Mifflin Harcourt Books.

Amorim，C.（2015）"Teerã，Ramalá e Doha – memórias da política externa ativa e altiva"．Editora Benvirá，Brazil.

Barros – Platiau，A. F.；Barros，J. C.（2016）"Is Brazil still in the BRICS and IBSA？A Multidimensional Assessment"．The Dragon and the Elephant Meet the Jaguars：China and India in Latin America International Seminar，October 6 and 7. IRI - Instituto de Relações Internacionai. BRICS Policy Center，PUC Rio University，Brazil，2016.

Barros – Platiau，A. F.；Mazzega，P.（2017）"Strange bedfellows ?：la circulation artificielle des valeurs et des principes d'action intra – BRICS dans la gouvernance climatique globale（2009 – 2016）"．Submitted.

Cabestan，J. P.（2017）"China's Institutional Changes in the Foreign and Security Policy Realm Under Xi Jinping：Power Concentration vs. Fragmentation Without Institutionalization"．East Asia Forum，DOI 10. 1007/s12140 – 017 – 9271 – 4.

Cervo，A.；Lessa，A.（2014）"O declínio：inserção internacional do Brasil（2011 – 2014）"．Rev. bras. polít. int.，Brasília，v. 57，n. 2.

Degaut，M.（2015）Do the BRICS still matter？Center for Strategic and International Studies（CIS）．Washington – DC. Available at：https：//www. csis. org/analysis/do – brics – still – matter. Accessed on 17 June 2017.

French，H.（2017）Everything under the Heavens：How the Past Help Shape China's Push for Global Power. Alfred A. Knopf，p. 330. ASIN：B01HA4JUKE.

Goh, E. and Prantl, J. (2017) Why Strategic Diplomacy Matters for Southeast Asia. East Asia Forum Quarterly April — June 2017.

Kalout, H.; Degaut, M. (2017) "Brasil: um país em busca de uma grande estratégia". Relatório de conjuntura n. 01. Secretaria de Assuntos Estratégicos da Presidência da República (Strategic Affairs Secretariat to the President). Brasilia, Brazil.

Prantl, J. (2014) "Taming Hegemony: Informal Institutions and the Challenge to Western Liberal Order". *Chinese Journal of International Politics*, 7 (4): 449 – 482. DOI: https://doi. org/10. 1093/cjip/pou036.

Ramos – Becard, D. (2017) "China y Brasil: ¿modelo de relaciones Sur – Sur?". In Pastrana, E.; Gehring, H. La proyección de China en América Latina y el Caribe. Bogotá: Editorial Pontificia Universidad Javeriana: Fundación Konrad Adenauer.

Ross, J. (2017) "Semanas que valem por décadas. A liderança do pensamento global passa dos Estados Unidos para a China em Davos". China Hoje, Edição Brasileira de China Today. Ano 2, n. 12, Abril – Maio.

Stuenkel, O. (2015) *The BRICS and the Future of Global Order*, Lexington Books.

Stuenkel, O. (2016) *Post – Western World: How Emerging Powers Are Remaking Global Order*, Polity.

权力制衡与国际贸易：
巴西公众对中国和金砖国家的看法

Amâncio Jorge de Oliveira

圣保罗大学国际关系研究所教授

Janina Onuki

圣保罗大学国际关系研究所教授

一 引言

"依存关系"所带来的风险具有系统性和反复性，巴西外交界和研究国际关系的人士认为，拒绝与美国签署任何贸易协定是合理的。巴西与美国之间签署双边协定存在着更大难度，但当双方达成协定可能性变得更大时，这种难度将会降低。就协定的规模而言，从双边协定（如"4+1"，即南方共同市场加美国）、半球协定到多边协定（诸如世界贸易组织协定），达成协定的难度依次降低。

基于这一观点，在所有协定下，巴西都不仅仅是寻求建立遏制联盟，这种遏制联盟的最终目标是提高与大国（特别是美国）的谈判能力。巴西的立场和其他非霸权主义国家的立场可以视作软平衡战略，或旨在制衡美国霸权的举措。本文试图说明，从巴西的角度看，中国和金砖国家是软平衡战略的一部分。

将"依存关系"的概念仅限于经济层面是可行的，但并不完全合理。事实上，关于"依存关系"的担忧引发了去工业化和劳动力流失的风险。然而，在论述和实践中都有迹象表明，在这种论证中，存在与国际体系中相对权力规模有关的要素。

本文的目的是正确探讨权力平衡的观念在多大程度上与人们对国际

贸易的偏好相关。总体而言，本文旨在了解"霸权"和"集权"等概念能在多大程度上影响人们对国际贸易的看法。

国际贸易中的许多偏好源自国际贸易中基于要素禀赋的相对定位而产生的利益。根据内生贸易偏好的观点，这种论证对政府或工作是非常有效的。

如果内生因素的论证是有效的，那么就没理由声称贸易偏好与具体国家相关，但当涉及经济互补性和国际贸易比较优势时，贸易偏好就与国家类型有关。如果 A 国或 B 国具有国内经济结构，则没有理由偏好 A 国或 B 国。

这使我们认为，除了经济因素外，还有其他因素决定了贸易国家在贸易中的地位。这些因素之一就是权力制衡思想。

然而，几乎没有文献探讨国际贸易与权力之间的联系。通常而言，这种联系的提出是为了解释政府层面的决定。在这个意义上，理论合理性是基于这样的假设，即在面对多边贸易政策环境时，各国对相对收益的问题较不敏感（Grieco，2001）。通过反推理，当国家以非对称环境为特点时，国家对双边协定更加敏感，就像巴西和美国的情况一样。

基于上面提出的类似假设，本文将相对收益作为解释贸易偏好的要素。然而，本文力图填补包含此种分析法的文献中的两大空白。

第一，关于相对收益的文献是理论性的。没有任何经验研究来验证相对收益的概念（已陈述的或隐含的）如何决定或影响国际贸易偏好。

第二，相对收益的概念被视为行政层面需要考虑的事情。这样的想法也是合理的，因为最后采取措施的决策者和评估决策预期效用的技术资源都来自行政机关。目前还没有关于旨在了解国际贸易偏好能在多大程度上影响公众意见的研究。

二　目标和方法

本文旨在研究世界权力与国际贸易偏好之间的关系。更具体地说，是为了研究巴西舆论认为中国挑战美国世界强国地位的这一看法是如何影响自由主义者和保护主义者的态度，或与其有何种关联。

假设本文的实证研究倾向于支持那些偏好非对称协定和多边贸易政策的论点。基于这种论点，本文的特定假设是，那些不支持自由主义的人（保护主义者）倾向于认为中国是有能力使美国在世界上的相对权力降低的国家。

作为自由主义指标，该假设的因变量是关税壁垒问题。这个问题调查受试者是否同意巴西应该减少对外国产品的关税壁垒。一系列将中国视为世界崛起大国的变量被作为自变量。

本文使用的数据来自"美洲与世界"（The Americas and the World）这项调查研究。这是一个正在进行的研究项目，旨在研究关于外交政策和国际关系的美国公众舆论和政治文化。该研究项目由对拉丁美洲不同国家每两年进行一次的调查组成，收集拉丁美洲各国公民在全球背景下的意见、态度、信仰、兴趣、愿望和价值观等基本信息。该调查依据该地区各国人口的代表性样本每两年进行一次①。

对巴西的调查研究方式是面对面采访 2000 名巴西人。这一样本在国家层面具有代表性，并且受访的人士分布在全国各主要地区。除了人口统计学问题外，调查问卷还包含 54 个实质性问题。

三　相对收益和国际贸易

在实际理解国际贸易进程的时候，相对收益的概念对于解释为什么国家即使在相互获益的情况下也可能抵制合作是至关重要的。除了关注谈判过程中的绝对收获以外，根据这种分析观点，各国还会关注权力制衡理念，这就解释了为什么合作的前提是维持或扩大相对权力的收益。

相对收益的论证旨在削弱国际机构诱导或激励国际合作这样的假设。如果两个国家都倾向于一种相对收益的游戏类型，那么促使合作的唯一可能性就是通过综合谈判的方式来确保参与者之间的收益比例。

1991 年，邓肯·斯奈德（Duncan Snidal）提出了相对收益与合作倾向之间的限定要素。在他看来，当涉及双边动态时，参与者对相对收益不再敏感。在这种模型中，相对收益的敏感度伴随着这样一个观点，即在双边动态

---

① The complete information and disaggregated data on the questions included in the surveys and the five data bases for these countries, in SPSS format, may be consulted free of charge at http：//mexicoyelmundo. cide. edu.

过程中参与者人数的增加大大减少了相对收益对合作的负面影响。

评论邓肯·斯奈德的人（Grieco，1993；Morrow，1997；Suzuki，2004；Powell，1991）注意到斯奈德的分析缺乏至少包括两个中心要素。第一，各国利用由合作产生的剩余收益的方式不同，即使是当收益平衡的时候。一个国家可以有效地将经济盈余转变为剩余力量。第二，尽管贸易谈判受相对收益的指导，但也可以基于单边支付开启谈判。斯奈德1991年提出的正是这种限定影响，这引发了关于新兴国家在国际体系中作用的辩论，以及新兴国家的崛起如何影响与巴西进行国际贸易的观念。事实上在巴西看来，中国作为一个新力量崛起代表着对美国霸主地位的制衡。

在这方面出现意见分化。一部分巴西公众乐于接受中国有能力制衡美国的事实。其他人则认为将中国引入全球权力系统的风险要高于收益。对于大国来说，中国崛起提出了一种经济和政治替代方案，可以减少它们对美国经济的依赖。

本文有兴趣探究的是公众将中国视为世界大国的看法将如何影响他们对国际贸易的看法。在理论上，如前所述，我们没有理由认为商业和权力维度是高度相关的。事实上，关于贸易的主张应该由经济成本和利益决定。下面是贸易与权力之间关系的研究结果。

四　结果

将中国在全球范围内制衡美国这一研究得出的具体权重做比拟，我们观察到左翼和右翼在贸易偏好上的意识形态权重。为此，我们使用了两个解释变量：政治党派光谱和政治意识形态光谱，光谱幅度从1到10，1是最左，10是最右。

就政党而言，受访者被问及他们认为自己通常支持哪个政党，而无论他们在上次选举中投票的政党是哪个。只有巴西最相关的政党被列了出来［劳工党（PT）、巴西社会民主党（PSDB）、绿党（PV）］。

政治光谱的变量有三种不同的格式。第一种是原始格式，即被分成十个级别。第二种格式被分为两个级别：左组是1到5，右组是6到10。这一分割使两组各占50%。第三种方法是将受访者分为两类，中心受访者和极端情况的受访者。

无论是政治党派还是政治光谱，这些政治变量似乎都与个人对国际贸易的偏好有关。至少在巴西，左翼选民更有可能成为贸易保护主义者，而右翼选民更主张改革这样的论点并不成立。

当从政治变量转变为独立变量并成为与世界权力主题相关的变量时，情况就完全改变了。为了捕获这一维度，需要考虑到两个独立变量。第一，人们对中国成为世界强国的可能性的看法。第二，中国的经济规模将发展到与美国一样大的可能性。

正如表 1 所示，同意巴西经济开放与认为中国崛起是一种威胁之间呈正相关。同样地，不同意巴西经济更开放与将中国作为世界大国的崛起视为一种非威胁事件之间也呈正相关。因此，自由主义与反华势力态度之间呈正相关，保护主义与亲中国的权力态度之间也呈正相关。在 p 值为 0.000 的情况下，变量之间的联系是积极的。

表 1 依据"这一系列可能会，或者不会影响巴西在未来 10 年最重要的利益"的问题回答"如果巴西降低进口外国产品的门槛，你同意吗？"如果你认为中国将崛起为世界强国，请告诉我们答案。

		中国作为世界大国				总计
		严重的威胁	重要的威胁，但不严重	不是重要的威胁	不是一个威胁	
开放度	强烈同意	184	112	85	62	443
		32.6%	22.3%	23.1%	23.8%	26.1%
		36.7	−19.4	−11.1	−6.2	—
	同意	233	245	166	87	731
		41.3%	48.7%	45.1%	33.3%	43.1%
		−10.1	28.2	7.4	−25.5	—
	不同意	82	84	59	43	268
		14.5%	16.7%	16.0%	16.5%	15.8%
		−7.1	4.5	0.8	1.8	—
	强烈反对	65	62	58	69	254
		11.5%	12.3%	15.8%	26.4%	15.0%
		−19.5	−13.3	2.9	29.9	—
总计		564	503	368	261	1696
		100%	100%	100%	100%	100%

$X^2 = 54.848$，$p = 0.000$.

表 2 所示的交集更明确地表明，中国在全球舞台上是与美国相抗衡的力量。此处问及中国经济规模发展到与美国一样大的可能性。再次表明贸易保护主义与对中国全球地位上升持乐观态度之间的关系。与中国作为世界强国的崛起相比，这一联系的影响力要小得多，但它仍然意义重大（p 值 = 0.05）。

表 2　依据"在你看来，如果中国的经济增长规模和美国一样大，那么你认为这对世界是一个积极的还是消极的因素？"回答"如果巴西降低进口外国产品的门槛，你会同意吗？"

		中国经济增长			总计
		消极	积极	积极和消极的影响一样大	
开放度	强烈同意	141	250	43	434
		29.2%	25.2%	20.7%	25.8%
		16.4	− 5.8	− 10.6	—
	同意	213	424	93	730
		44.1%	42.7%	44.7%	43.4%
		3.5	− 6.3	2.8	—
	不同意	64	163	45	272
		13.3%	16.4%	21.6%	16.2%
		− 14.1	2.7	11.4	—
	强烈反对	65	155	27	247
		13.5%	15.6%	13.0%	14.7%
		− 5.9	9.4	− 3.5	—
总计		483	992	208	1683
		100%	100%	100%	100%

$X^2 = 12.586$；$p = 0.05$.

如表 2 所示，这两个变量都显示了贸易偏好与对全球力量分散认知之间的明确联系。在这两种情况下，X^2 值均小于 5%。

此外，这些表格显示出，贸易偏好与中国崛起认知的类型之间存在着联系。那些反对贸易开放的人（贸易保护主义者）倾向于对中国崛起为一个新的世界大国持积极的态度。同意贸易开放的人（自由主义者）倾向于将中国作为世界大国的崛起看作是一种风险，而不是一种帮助。

五 对金砖国家的看法

除了孤立的新兴力量，正如在前一节提到的有关中国的例子，国际联盟经常被用来制衡美国。一些国际联盟在巴西外交政策方面扮演了这个角色。在不同的时刻，这些国际联盟分别是南方共同市场（Mercosur）、南美国家联盟（Unasur）、印度 – 巴西 – 南非（IBSA）论坛、二十国集团等。但唯一有实力挑战美国的国际联盟是金砖国家。

考虑到这一方面，在 2014 年国际关系研究所进行的新一波调查中，特别包含了一个问题，以调查公众对"金砖国家"制衡传统大国的看法。受访者被要求选择以下两种选择中的一种：一、"金砖国家是一个专制国家或拥有高度社会排斥的国家间形成的使人局促不安的联盟。"或，二、"金砖国家是一种能够对抗传统势力以平衡世界强权的力量。"没有中间选项。

正如表 3 所示，人们的看法相对均衡。约有 52% 的受访者表示，他们认为金砖国家是对传统潜在力量的一种制衡。另一方面，约 48% 的受访者对这一联盟持悲观态度。该表格还表明，左翼和右翼受访者的差别非常小。来自右翼的受访者对金砖国家的态度更为乐观，而在左翼阵营中对金砖国家的态度则是等势的。

表 3 对于金砖国家可以抗衡传统大国的信心

政治倾向	平衡	尴尬	总计（100%）
左翼	262 49.1% −1.0	272 50.9% 1.1	534
中间派	173 57.1% 1.2	130 42.9% −1.2	303
右翼	214 52.7% 0.1	192 47.3% −0.1	406
总计（100%）	649 52.2%	594 47.8%	1243

$X^2 = 5.058$，$p = 0.08$.

关于金砖国家的研究结果表明，对巴西国际事务的看法是两极分化的。这种两极分化存在于国际事务的不同问题上，而且金砖国家不应有所不同。与此同时，结果显示出一些违反直觉的东西。"南南联盟"作为大国的软平衡工具经常被认为是左翼政府的项目，如巴西劳工党（PT）。因此，预计左翼政府的政治选民应该给予南南联盟更多支持。这项由国际关系研究所进行的调查显示，左翼选民对中国的抵制与民主和人权有关。

六　讨论

一个重要的讨论点涉及被调查者对于中国崛起为世界强国的确切看法。一种可能性是，这一事件可能被解读为与本文的理论探讨一致，即中国的崛起被解读为一种分散全球力量的手段。

从巴西外交话语的角度来看，这种权力分散和中国与美国霸权对立的观点似乎反复出现。在这方面的论证中，权力分散服务于两个主要目的。一方面，经济依赖多元化的可能性。另一方面，在国际体系中新兴大国崛起的可能性，因此，各国可以遵循"讨价还价"的外交路线。即用一种力量从另一种力量中获得优势，反之亦然。

从这个意义上说，那些对自由主义持更顽固立场的人对中国的崛起持积极态度。如果推理是正确的，那么就必须证实上述的经验证据，以防出现任何其他国家崛起为世界权力分散者这一问题。这个想法在经验上是可以验证的。

然而，保护主义与中国积极前景之间的正相关关系还有另一种可能。在巴西，有保护主义倾向的人支持中国的崛起，因为他们在这个亚洲国家身上看到了一种可以追随的政治经济模式。换句话说，这一关系更多的是考虑国内因素而非国际因素。

事实上，这个论点是可信的。从历史上看，国家发展主义者倾向于对经济进行更大的国家干预。从这个意义上讲，中国模式将成为巴西政府借鉴的典范。

对这种解释的反驳是，经济干涉主义的观点与左派的政治光谱密切相关。然而，正如上面所看到的，当我们用意识形态光谱来控制贸易偏好时，结果是我们没有发现任何关联。这个结果并不能证实第一个论点。

七　结论

这项研究试图将外部因素纳入要素条件领域，以了解中间选民在贸易政策方面的偏好。研究结果倾向于证实自由主义和相对收益之间存在着积极联系。贸易保护主义者集团是由那些对美国持批评态度的人组成，并且对中国持支持态度。中国和金砖国家的崛起给世界大国体系带来了一种分散的因素。

对于金砖国家来说，重要的是强调精英阶层之间的大力支持。在最重要的政党和选民中，对金砖国家的相关性没有明显的认知变化。这是一个很好的迹象，表明无论哪个联盟掌权，巴西都将把金砖国家作为其外交政策的战略组成部分。

参考文献

Grieco, J. (1988). Anarchy and the limits of international cooperation. *International Organization* 4 2: 485 – 507.

Mastanduno, Michael (1991). Do Relative Gains Matter?: America's Response to Japanese Industrial Policy. *International Security*. 16: 73 – 113.

Morrow, James (1997). When Do "Relative Gains" Impede Trade?. *Journal of Conflict Resolution*, 41, 1, February 12 – 37.

Powell, R (1991). Relative and absolute gains in international relations theory: *American Political Science Review* 85: 1303 – 20.

Snidal, Duncan (1991a). Relative Gains and the Pattern of International Cooperation. *American Political Science Review* 85: 701 – 26.

Snidal, Duncan (1991b). International Cooperation among Relative Gains Maximizers. *International Studies Quarterly*, 35: 387 – 402.

Suzuki, Kazutoshi (2005). *Modeling the International Economic Order: Absolute and Relative Gains*. Mimeografado.

金砖国家战略对接：俄罗斯立场及建议

Georgy Toloraya
俄罗斯金砖国家研究会执行主席、俄罗斯科学院经济所亚太战略中心主任
俄罗斯国立国际关系学院教授

一　政策对接的必要性

金砖国家组织已成为当今日益多中心化世界的一项重要特征。因此，金砖国家组织不仅仅是一项全球范围内的经济工程，更多的是一项政治工程。与主流观点不同的是，金砖国家成员经历的经济困难越多，就越需要成员间将政策更好地对接，以便形成合力来解决难以单独处理的问题。因而，国家间战略的对接就变得至关重要了。

金砖国家成立的第一个十年并未明确组织的终极目标，也未体现出其在国际关系中的重要作用。换言之，金砖国家仍未成为一个真正的"改革者联盟"。但其也未沦落成另一个高层会面、合影留念的场合，金砖国家组织仍是发展中国家间对接政策的重要场所。

这就产生了以下几个问题。

◉金砖国家成员的国家目标有无共性？

◉金砖国家间存在诸多差异。如何整合这些目标？

◉金砖国家组织是否会成为又一个类似"冷战"时期"反西方联盟"或"不结盟运动"的组织？

◉金砖国家能否扮演好"改革者联盟"的角色？

◉金砖国家能否形成共同战略？

长久以来，金砖国家组织一直是发达国家批判指责的对象。组织的活动模式也大都受到来自西方国家的负面评价和无端猜忌。一些成员经

济形势的恶化，以及政治问题（尤以巴西为甚）是导致以上批判的主要原因。同时，金砖国家组织又被视为全球治理框架下的新成员，反映着国际关系向当代转型的迫切需要。导致这一迥异认识的原因是西方对金砖国家组织缺乏完整了解。

未来十年，哪些目标金砖国家组织难以达成？

◉成员间不会形成完全统一的观点，也不会存在绝对占主导、强加于他国的观点。

◉金砖国家组织不会发展成欧盟级别或官僚结构式的机构。

◉金砖国家组织不会成为反西方团体。

◉金砖国家组织不会发展成像北约一样的军事组织。

◉金砖国家组织不会摆脱西方的批判和猜忌。

◉金砖国家组织的敌手们不会放弃拆散这五个成员的努力。

金砖国家组织的现实目标包括哪些？其共同战略又意欲何为？

◉金砖国家将进一步巩固其作为享有主权的权力中心的地位。

◉金砖五国将在 21 世纪的世界秩序中起到更重要的作用。

◉金砖国家组织成员的经济发展速度将持续领先 G7 成员。

◉金砖国家组织将努力以国际法为准绳，在政策层面改革世界政治及经济独立的根基，拥护联合国作为国际安全卫士的角色，支持联合国安理会改革，保持金砖国家组织内部及南半球发展中国家间经济、社会现代化方面的合作。

◉金砖国家组织将不会在国际货币基金组织和世界银行中获得足够的代表权。

◉当各成员在 G20 和其他国际组织框架下保持步调一致时，组织会发挥出最大效力。

◉金砖国家组织不会成为新的国际秩序的催化剂。

二　金砖国家组织及全球治理

金砖国家组织若想实现其在全球治理方面的战略和目标，存在两条路径。一是进一步增强五国在全球经济及金融体系中的既有地位。二是在全球治理体系下创建并行的结构或组织。

总体而言，金砖国家组织反对无视或削弱现有全球治理组织（如联合国、国际货币基金组织和世贸组织）的作用。关键问题如下。

◎联合国改革，近年来，联合国因其无法迅速且高效应对全球挑战而越发遭受指责。2015年乌法峰会指出，需要使联合国更具代表性，应对安全威胁需更加迅速。峰会认为有必要增加联合国安理会常任理事国的席位，这一提议对印度和巴西而言尤为重要。同时，落实国际货币基金组织改革，进一步修改发展中国家配额有益于发展中国家的发展。

◎选举发展中国家代表进入国际金融机构的领导层。

◎在世贸组织框架内加强合作，研究跨区域融合项目相互冲突、相互竞争可能造成的害处。

◎提升金砖国家组织创立的金融机构的形象，加速这些机构融入全球治理体系的步伐。

◎使全球互联网治理适应现代化需要。

诚然，安理会五大常任理事国都不愿将权力分割给其他国家，这也导致了金砖五国内部的紧张气氛。倡导联合国中心论的俄罗斯和中国面临着进退两难的境地。如果不进行改革，联合国会进一步沦为一种摆设，因为其决策和实施机制早已过时，无法反映当今世界的权力分配情况。不过一旦对安理会进行改革，即使只是将印度和巴西等金砖国家加入安理会，一定会损害中国和俄罗斯作为常任理事国的地位。再者，中国尤其警惕印度这个长期对手地位的提升，而俄罗斯则持有一种更微妙的立场。例如，俄罗斯专家提议采取一种折中的方案，如吸收印度和巴西作为常任理事国，但前十年不许使用否决权。

金砖国家为保证在现行全球治理体系中扮演更重要的角色所做的努力是不容忽视的。例如，金砖国家组织的对接战略及其在G20中发挥的作用是显而易见的。

但是，我们也不应该盲目乐观。如果不改变国际治理体系及其机构组织的基本运作方式，西方国家仍可能运用其经验、人员及软实力优势保证其始终主导议题的设定，并最终通过有益于他们的决定。在这些机构内部，金砖国家在决策层面的抬升空间较为有限。

另一种选择是制定新的游戏规则，或建立与现有组织并行或独立的

"镜子"机构。然而，截至目前，金砖国家既没有想法也没有意愿起草这些新的规则，更别说实施上述激进的变化了。但如果金砖国家组织放弃进行这一工作，组织就可能面临停滞不前，堕于改变的问题。由于金砖国家组织已不再是全球经济的发动机了，建立这些机构对于组织的未来和命运便显得至关重要了。

近年来，许多国家和组织进行了越来越多的尝试，试图建立新的治理体系。金砖国家组织向来坚持普遍主义，但这并不妨碍其创建专属的机构和组织。首批该类机构包括新发展银行和应急储备安排，两个机构都是在2014年金砖国家组织福塔雷萨峰会上由成员国家领导人决定建立的。新发展银行于2015年乌法峰会后开始运行。俄罗斯总统普京认为，建立一个新的发展银行和外汇储备库能使金砖国家间更顺利地对接宏观经济政策。

同时，新发展银行应在西方金融机构不愿涉足的地区开展相关工作，应更多考虑金砖国家的需要，而不应一心想着盈利，这两点是很重要的。然而，新发展银行最初所开展的活动因欠缺战略考虑和透明度不足而饱受指责。

三　金砖国家组织制度化进程何去何从？

判定金砖国家组织在全球变化进程中的重要性还为时尚早，但其也绝非一个裹足不前的现象。金砖国家组织需要更有效的内部协调机制，以便更深入地参与到全球变化进程中去。所以，制度化就成了关乎金砖国家组织未来命运最重要，同时也是最具争议的议题。截至目前，金砖国家对于建立任何超国家团体都持回避态度，因为主权是金砖国家外交政策的根基，谁都不想将哪怕一点独立决策权交给团体。金砖国家组织制度及能力建设可能出现以下几种情况。

乐观情况是，金砖国家组织成为一个牢固的政治经济团体，拥有完善的协调机制，能凭借共同且协调的观点立场对国际和平与安全体系施加巨大影响，并能共同应对全球挑战。

悲观情况是，组织"沦落"成一个合影留念，区域会议的场所，甚至土崩瓦解。现实情况介于两者之间，金砖国家组织将侧重争议较少的经济和社会问题，以此作为着力点。当然，如果在和平与安全领域所创建的机构有明确的界限和范围（与新发展银行和应急储备安排类似，二者强调在技术、经济和金融方面开展合作），且成员间达成一定共识，现实情况也可能往乐观方向发展。

诚然，金砖国家间就某些问题存在一些分歧，而且有时各国利益存在一些冲突。因而有必要系统性地保障协调对接机制正常运行，有必要就协议的实施及在全球范围内对协议实施的监控（包括协议与其他国家的相互影响）协调出具体方案。一些机构允许将协议付诸笔端（并保证所有相关国家都能准确理解），同时监督协议的履行情况，这两项举措都是很有必要的。

许多研究员和政治家都认为有必要将金砖国家组织制度化，并将其发展成为一个成熟的国际组织。制度建设会稳步推进，前提是金砖国家组织沿着以下两条互联的道路前进：在全球治理体系内加强成员间的团结纽带关系，在组织框架内努力改进和深化各个领域的合作。金砖国家目前看来已处在向制度化转型的阶段，这一制度化的转型有益于金砖国家间关系的发展，而如果不进行制度化转型将进一步分化甚至分裂该组织。

当某一危机发展到顶峰需要采取焦点小组形式进行讨论时，领导人间达成的非正式协议，以及在不建立永久秘书处或签订官方程序的前提下保持行动的一致，这对问题讨论而言再合适不过了。

然而，仍需要建立一个协调对接机制，该机制能系统地控制决策的实施，并跟进其执行。现行的峰会和部长级磋商机制并不能每天都起到上述作用。事实上，秘书处现在只是起着信息交流的作用。

以下是低水平至高水平制度化的若干阶段。

第一层是将其限定为一个永久运作的金砖国家技术秘书处。

第二层是建立金砖国家联合机构

◉这些联合机构永久运作，为各国机构、办公室、企业和知识社群提供支持。

◉由各国副总理牵头建立一个多边的、政府间的经济和科技合作委员会。

◉一个永久性的技术秘书处。

◉下属委员会或工作组。

◉一个学术研究所，旨在共同对国际经济形势进行分析，以达成"金砖国家共识"。

其中要特别提到由各国副总理牵头建立一个多边的、政府间的经济和科技合作委员会这一举措。该委员会应对相应的分设委员会和工作组进行管理，并定期组织会议。同时，由于部长间的方针政策往往是不协调、不对等的，委员会能将这些方针政策结合起来。虽然金砖国家组织成员对过度形式化和官僚化心存戒备，但组织建立一个永久性的技术秘书处仍是有可能的。

建立一条与金砖国家组织发展平行的轨道能在全球范围内解决诸如组织扩容，及其与其他发展中国家的关系问题。"平行轨道"包括如下内容。

◉建立一个永久观察国和对话伙伴国机制（即金砖＋）。

◉组织建立一个由多个区域协商机构组成的网络，其中包括金砖国家及意向观察国和对话伙伴国。

◉在各国际组织中建立一个用于集中阐述和宣扬金砖国家组织立场的机制。

◉共同向联合国就改进冲突预防及解决机制阐述立场和建议。

◉共同应对"全球公共领域"的挑战。

◉建立一个由金砖国家参与的、跨区域地区安全协调委员会。

四　一个新的发展范式？

除了想要提升发展中国家在国际事务中的地位和作用外，金砖国家组织另一项不太为大众所知的任务是寻找一个新的发展范式。组织共同且最基本的目标是为面临日益严峻挑战的国家指明社会经济发展的新路。组织的使命是探索出一个比自由市场模式更具平等精神的、新的发展模式。当然，这种模式很有可能依然以市场模式为基础，辅之以"无形的手"为根基的协调机制，在该种模式下，国家和中央监管机构将扮演更重要的角色，不仅要解决盈利的问题，还要解决社会面临的主要威胁和挑战。同时，这一模式也应考虑环境因素，防止过度消耗和资源浪费。

该模式可以依靠新技术的发展和进步，例如 3D 打印技术的出现可能意味着一次全新的向大规模生产、分配和销售模式的转变。未来信息和通信技术会成为新经济的基础。

近年来，将可持续发展的理念运用到解决发展中国家经济发展的需求中去已成为越来越重要的课题。然而，金砖国家在环境问题和与之相关的全球行动方面步调并不一致。

中国和印度等国糟糕的环境状况使得相关工作变得尤为重要。一般来说，推广绿色经济意味着限制经济发展，发展中国家觉得这一模式不甚合理。所以，如果金砖国家组织想成功建立一种新的发展模式，长远来看它需要首先搞清楚未来全球经济将呈现出怎样的形态，以及未来全球治理的模式，而后才能对其施加更重要的影响。金砖国家组织的战略性目标包括如下内容。

● 消除贫困。

● 缩小收入差距。

● 金砖国家组织成为教育领域的领袖。

● 推广组织成员国家的官方语言。

● 人文和文化交流。

● 健康及高质量的医疗体系等。

假使这一模式成功建立了，它应该采用如世贸组织等现行国际组织的模式，还是应该反复试验，通过如自贸协议等地区或封闭体系慢慢形成并运行？

2013 年德班峰会成立了金砖国家智库理事会，来自五个成员国家的专家在理事会的框架下提出了以下建议。

● 金砖国家组织应与 G20 的其他经济体展开合作，协调政策和立场，以求最佳结果。

● 金砖国家央行应调整各自的监管框架，紧密地协调在一起，以更好地参与到全球监管议题设定过程中去。

● 金砖国家组织应积极将符合国际货币基金组织特别提款权现行标准的新兴市场经济体和发展中国家的货币纳入其货币篮。

●金砖国家组织应建立一个独立的评级机构，以防不稳定公司债务水平持续上升带来的风险，同时定期对银行资产进行清查，将那些不受监管的影子银行带来的负面影响尽量减少，并对全球经济运行情况进行监督。

●金砖国家组织应通过共同决议和紧密合作与其他国家或组织进行由正确价值观引导的对话，以完善国家安全网络，应急储备安排便是在这样的倡议下成立的。

●金砖国家组织应出台长期的优惠贷款条款，以应对最不发达国家的发展需求。

●金砖国家组织应进一步深化跨地区的货币合作，强化应急储备安排的效力，完善全球金融安全网络。

●金砖国家组织应在联合国气候变化框架公约范围内协调各自在气候领域的关切。第16届坎昆会议建立的技术机制应该应用到组织内部以强化技术发展和转让等行为。相应地，绿色气候基金中的部分资源也应调配到气候改善等活动中去。

●金砖国家应以现有和预期成果及各自能力为基础，在世贸组织框架内对接立场，以抵御发达国家施加的压力。免税及无配额市场准入能有效帮助最不发达国家利用好多边贸易体制创造出的各种机会。

●金砖国家组织应致力于在世界贸易治理体系的核心位置建立一个更强有力、基于规则的多边贸易体系，并使世贸组织的区域协议更加公开透明。

五　金砖国家组织在俄罗斯外交策略中的地位和作用

2017年5月，圣彼得堡经济论坛期间，俄罗斯总统普京曾经透露，金砖国家组织的想法是2005年俄罗斯、中国和印度领导人"在圣彼得堡的会议上策划诞生的"。金砖国家组织在俄罗斯的外交战略中占据极其重要的位置。由于与西方国家处于持续对抗的状态，加之西方国家强加制裁，俄罗斯开始更多地依靠亚洲和金砖国家。对于金砖国家而言，俄罗斯能成为连接东西方、南北半球的桥梁。参与金砖国家组织令俄罗斯不仅不再感到与当今世界体系格格不入，而且能获得更多新的机遇。

俄罗斯 2013 年外交政策中强调，金砖国家组织是 "21 世纪初以来最重要的地缘政治项目之一"，其已迅速发展成为 "全球策略领域一个十分重要的左右因素"。金砖国家组织作为全球关系的一种新模式，超越了以往东西方、南北半球的两极划分，真正体现了多中心的国际关系。

"2015 ~ 2016 年，由俄罗斯联邦担任金砖国家组织轮值主席国" 意味着健全强化金砖国家论坛是俄罗斯外交政策的头等大事之一。其间，俄罗斯的目标之一是将金砖国家组织从一个对话论坛逐渐转变成一个针对热点政治经济问题，全面的战略和互动机制。俄罗斯计划强化其在金砖组织中的地位，在国际上为提升和巩固组织声望做贡献，同时帮助改革国际货币体系，支持建立金砖国家自己的金融机制，并为金砖国家组织新的活动。国际货币基金组织改革和在 G20 框架内更好地协调世界金融结构是优先行动项。在金砖国家组织框架下，建立国家层面的支付系统和评级机制也是有益的实践。与金砖国家合作对于俄罗斯各联邦区，尤其是西伯利亚和远东地区的发展是很重要的。

上述理念特别指出，金砖国家所做的努力旨在使国际货币体系更加公正、稳定和高效，一是为克服全球危机创造条件，二是可以发展成员的经济金融体系。同时，俄罗斯也有志于推动对话，对接各方关于战略稳定性、国际和地区安全、防止大规模杀伤性武器扩散、解决地区冲突和维护地区稳定等方面的立场。该理念还强调，各方应继续努力，加强联合国在保证全球安全稳定方面的中心作用，保留巩固联合国安理会的角色。

虽然俄罗斯参与金砖组织的战略目标是建立一个全面的战略合作机制，以提升金砖国家在全球治理体系中的影响力，但并不是所有成员都持同样的观点。一些 "南翼" 国家存在些许担忧。2016 年，当印度担任轮值主席国期间，俄罗斯越发重视 2015 年批准的经济伙伴战略的实施情况，以提升金砖组织在国际事务中的作用。俄罗斯总统普京在一次与印度媒体的访谈中称金砖国家组织 "是促成多极化世界的关键因素之一"。俄罗斯非常满意果阿峰会的成果，与会方就叙利亚问题给予俄方支持，并讨论了一些关键的政治和安全问题，同时也为经济合作注入了动力。

2017 年 6 月，普京在圣彼得堡经济论坛的一次讲话中再次强调了金砖国家在协调发展方面的重要性。

2017 年，中国作为金砖国家组织的轮值主席国提出了下列主题，这些主题的实现将有益于进一步团结和巩固金砖国家。

深化金砖组织合作，谋求共同发展。

◉强化经济伙伴关系。

◉推进国际范围内的发展合作。

强化全球治理体系，共同应对挑战。

◉保持国际和平与稳定，促进开放的世界经济，改进国际金融和货币体系。

◉在多边机制内加强协调与合作。

开展民间交流以支持金砖国家合作。

◉参与文化交流和互学互鉴。

◉推动体育运动的发展。

改进体制机制，建立更广泛的合作伙伴关系。

◉改进合作机制，为各领域合作提供保障。

◉建立更广泛的合作伙伴关系。

这些目标与俄罗斯对于金砖国家组织使命和前景的理解不谋而合，所以中俄两国在组织框架内的合作必将进一步深化。

南非应正视金砖四国变为金砖五国，正如预言家警告恺撒谨防古罗马历的3月*

Matlotleng Matlou
南非艾克沙修非洲咨询公司董事

人性驱使许多人、组织和国家在进行合作之前自动将自身利益放在首位。即便合作的结果是双赢的，但各方都希望自己获益最大。金砖国家集团成立的基本目标是抵制几个世纪以来西方主导下的全球秩序。金砖国家认为权力的属性已经改变，但全球秩序的参与者和相关规则却仍是固定不变的。金砖国家同样认识到，成员的数量越多，组织的实力就会越强。因此，当前的体系不会瓦解，各国也不会实现平等化，因为其他类似于金砖国家的组织也会存在，会有更多的霸权国家来解决全球问题。一方面，全球规则将会发生转变，另一方面，商业外交、地缘经济或“软帝国主义”将会回归。规模更大的金砖国家将会以两种方式获益：即参与全球权力分配，同时从与别国的合作中获利。本文认为，就与金砖国家最后一个成员国南非的关系而言，最大的受益国将是中国，其次是印度，而巴西和俄罗斯则获益相当。

一　引言

国际关系中的许多理论为了解世界提供了不同的视角。主流的思想学派是自由主义和现实主义，但在描述全球的多样性和复杂性上，这两

---

* In Shakespeare's Julius Caesar

种思想是不够的。关于个人、组织和国家的行为主要是靠本性驱动还是靠社会驱动，这一问题一直存在争议，或者说是人性影响社会建设还是社会建设影响人性？自古以来，人性或利己主义一直是个人、组织和国家行为的潜在动机。摩根索（1978：4 – 15）引用了修昔底德的观点，认为"国家或个人之间的利益认同是最可靠的纽带"。华盛顿和韦伯都认同"利益是统治之原则，几乎每个人都会受到这一原则的影响，人类行动是由利益，而非思想直接主导的"。

哥德伯格（2016）谈及英国首相帕默斯顿 1848 年 3 月 1 日在英国议会中所提出的观点，即"大英帝国没有永远的朋友，也没有永远的敌人，只有永恒不变的国家利益。而追求国家利益是我们的责任"。基辛格重申了这一观点，"美国没有永远的朋友，也没有永远的敌人，只有永恒不变的利益"。朋友是为我们的利益服务的，如果不是，那我们将抛弃这样的朋友，如果我们的敌人能够让我们获益，那么我们同样可以选择与其成为朋友。真的总是这样吗？追求权力是所有行动的动机吗？当然，个人、组织和国家不仅仅是为了权力而竞争，他们并不总是与他人竞争。合作可以让双方受益，也可以构建更大的跨国家关系，提升一体化水平并有助于以和平方式而非战争来处理问题；国际关系的蛛网模型不仅包括了各个国家，同时也包括了国际社会的各个部分①。因此，在美苏两国的核危机期间，冲突势必会让双方受损；合作不仅会让双方受益；而且会带来双赢的结果。事实上，不同国际关系理论之间的冲突是由不同的框架支配的，而这些框架又是围绕不同的知识结构和特定的假设、复杂的分析、多方面的事件而构成的。因此，这些国际关系理论得出了不同的结论，没有哪一个结论是"正确"或"错误"的。然而，本文认为，国家间的友情和共性屈从于国家利益，金砖国家间的关系同样如此，尤其是南非与金砖国家其他成员间的关系。

---

① John Burton, *World Society*, Cambridge University Press, 1972.

二　金砖四国的建立及其转变为金砖五国

1973 年五国集团转变为七国集团，这是西方财政部长共同审查彼此目标以及兼容性的平台；积极协调彼此之间的政策。然而，在过去的 10 年中，七国集团更像是一个知识管理中心，很大程度上失去了对全球进程和市场的动态支配。O'Neill（2001：01）曾假设，在 2001 年和 2002 年，大型新兴经济体的实际国内生产总值增长率将超过七国集团。巴西、印度、俄罗斯和中国将能够抗衡八国集团（最富裕的西方国家），后者一直主导着全球政治和经济治理框架。从全球层面上讲，金砖国家的国土面积占到了全球的 30%；人口占比为 43%；贸易占比为 17.3%；商业服务占比为 12.7%[①]；而农业生产占比为 45%[②]。全球决策论坛应该包括金砖四国代表，从而平衡全球代表性并且提高效率。当然俄罗斯曾短暂参与到八国集团中，由于对全球事务的政治分歧和对俄罗斯的制裁，八国集团峰会最终瓦解。与此同时，20 国集团得以建立，一些人认为没有必要扩大七国集团。现有的 20 国集团峰会或许是扩大七国集团提议的扩展版本，但这并不是七国集团。在圣彼得堡八国集团的扩展会议上，金砖四国领导人进行了首次会面；而各国外交部部长则继续在联合国大会会议间歇进行非正式讨论。2009 年，这一非正式组织的首次峰会在俄罗斯召开，然后在其他成员国轮流举办。

然而，没有非洲国家参与其中显示金砖四国出现了合法性危机，因为这暗示了非洲是不重要的，并且仅仅被当作原材料供应商和外来商品的市场。金砖国家不希望在没有扩大发展中国家代表性的前提下应对国际事务。金砖四国面临着很多选择，而被选中的国家必须与金砖四国有着密切关系，对各国以及金砖国家组织有着战略价值，在非洲和国际上有着影响力。一些大的候选成员包括阿尔及利亚、安哥拉、埃及、埃塞俄比亚、肯尼亚、尼日利亚、塞内加尔和南非。最终南非被首先邀请作为观察员国，随后成为正式成员，原因在于南非是非洲最大的经济体；

---

①　WTO statistics gateway.

②　FAO Statistics.

是二十国集团成员，与金砖四国都有着战略伙伴关系；是一个区域大国；自然资源的主要生产国；是一个有影响力的非洲国家。增强南非优势的因素还包括软实力，如现代化基础设施、先进的企业部门、创新性文化、举世闻名的金融系统、相对稳定的宏观和微观金融市场、严格的规则框架，同时也是金砖国家对非洲进行投资的门户。因此，在 2010 年南非被邀请成为金砖国家巴西峰会的观察员国，由于其与所有金砖国家都有着战略伙伴关系，因此一切进程都变得更加容易。随后在 2010 年 9 月份，金砖四国外交部部长建议使南非成为正式成员，随后以正式成员的身份参加 2011 年在中国举行的峰会，该组织更名为金砖五国。印度在 2012 年举办金砖国家峰会，而南非是在 2013 年举办该峰会，在"释放非洲潜能：金砖国家与非洲基础设施合作"的标语下，非洲国家领导人与金砖国家领导人进行了对话。尽管一些观察员赞扬了南非的包容精神，但其他人认为这将在非洲国家中进一步扩展金砖国家的霸权。

三　南非在规模问题上所学到的

金砖国家成员当中既有国土面积较大的国家，也有国土面积较小的国家。中国是一个一党制的国家，俄罗斯权力高度集中，巴西、印度和南非国内腐败和种族冲突问题十分突出。下面的表格描述了金砖国家的政治结构、人口、收入、基于购买力平价国内生产总值、贸易量和商品、需要投资的关键社会经济领域。金砖国家之间可以相互学习。表格显示，南非与其他金砖国家成员相比，规模相对较小，这使得它在与其他成员相处时处于相对弱势的地位。但这也为南非扭转局势提供了巨大的机会。你的国民必须是你最大的资本；对国民进行投资，并予以良好的治理和战略性领导，你将会获得回报。南非的政治精英们必须将弱势转为强势，而不是顾影自怜。

在这些国家中，有世界上国土面积最大的国家，面临着不同的环境问题，这需要制定复杂的治理体系来满足国民的需求，并确保实现国家的发展目标。

金砖国家成员人口数从几百万到十亿以上不等，中国和印度是世界上人口数量最多的国家，这两个国家正在努力控制人口的增长。

金砖国家成员，尤其是巴西和南非的国民收入和财富差距明显，这两个国家是世界上最不平等的国家。庞大的人口数量意味着贫困人口的比例仍然很高。金砖国家各成员国必须努力实现可持续发展目标（SDGs），实现人的高水平发展，只有这样才能提升社会凝聚力，实现国家建设目标。

作为金砖国家成员之一，南非的经济在过去几年内停滞不前，这意味着与其他成员相比，南非经济正处于衰退当中。中国和印度的经济增长是惊人的，而俄罗斯和巴西则取得了显著的进步。

在三亚、德里、德班和福塔莱萨举办的金砖国家领导人峰会批准建立经济伙伴关系（以下简称金砖国家战略），以加强"稳定、增长和发展"，补充和加强成员之间现有的双边和多边联系。金砖国家战略将优先考虑贸易和投资、制造业和矿产加工、能源、农业合作、科技与创新、金融合作以及连通性等问题。然而，金砖国家在这些领域上的合作，特别是与南非的合作是不平等的，在制造业和矿产加工、农业合作以及连通性方面，南非并未受到关注。此外，还有许多领域需要进行合作。行政和制度建设资源不足，没有常设秘书处。金砖国家集团每5年都会对金砖国家战略进行审查，并会每年向负责人进行汇报。这会导致效率低下。

中国和印度已经成为全球商品的生产地，这两个国家的经济水平在全球范围内分别位居第1和第3。其次是俄罗斯和巴西，分别排在第6和第7位，南非排第33位，俄罗斯的经济规模比南非大4.1倍。这表明南非需要投入更多，将自然资源转化为增值产品，以增加技能型就业，并创造资源相关性产业，获得乘数效应。南非也必须解决高失业率、贫困和社会不平等问题，这些问题会造成巨大的资源浪费，也会导致社会矛盾的出现。

意料之中的是，随着南非中产阶级的蓬勃发展以及城市化水平的不断提高，其对基础设施和技能型人才的需求不断增加，因此地缘经济推动金砖四国将南非作为其商品和服务的接收地。表1表明了南非与金砖国家各成员间贸易的数量和质量。南非主要与其他金砖国家成员国开展原材料贸易。金砖四国与南非的合作是其与非洲关系的缩影。南非被视作为非洲其他国家带来贸易、投资以及其他机会的跳板。金砖国家其他成员国可以利用南非与欧盟和美国签署的贸易协定进入美国和欧盟市场。

表 1　金砖国家间的进出口贸易

从巴西出口	俄罗斯	印度	中国	南非	发达经济体	欧洲
1990	—	0.2	0.4	0.2	22.9	8
2000	0.4	0.38	1.1	0.3	34.6	13
2009	25	3.4	24	1.1	65.1	28.5
从俄罗斯出口至	巴西		印度	南非	发达经济体	欧洲
1990	—	—	—	—	—	—
2000	0.6	1.1	5.2	0.03	60	34492.4
2009	1.4	4.8	16.1	0.2	138.1	
从印度出口至	巴西	俄罗斯	中国	南非	发达经济体	欧洲
1990	0	—	0	0	11.1	3.0
2000	0.3	0.9	0.8	0.3	27.4	7.6
2009	2.2	0.9	10.2	1.9	79.0	—
从中国出口至	巴西	俄罗斯	印度	南非	发达经济体	欧洲
1990	0.1	—	0.2	0	52	5.1
2000	1.2	2.2	1.6	1.0	208.3	30.6
2009	15.9	17.5	29.7	7.4	858.5	174.4
从南非出口至	巴西	俄罗斯	印度	中国	发达经济体	欧洲
1990	—	—	—	—	—	—
2000	0.2	0.03	0.4	0.3	15.7	6.2
2009	0.4	0.2	2.0	5.6	30.9	10.7

资料来源：国际货币基金组织，贸易统计字典。

金砖国家成立了两个 1000 亿美元的基金，一个用于新开发银行，为基础设施项目提供资金，另一个为储备基金，该基金旨在确保金砖国家的货币市场免受新的全球危机的影响，并减少对全球最富有国家所制定的经济金融规则的依赖。新开发银行的全球总部和非洲总部分别设在中国和南非。每个成员国各贡献 100 亿美元。新开发银行的全年贷款上限为 340 亿美元。该银行将为关键部门提供辅助融资。这些部门的需求如表 2 所示。金砖国家成员国还计划建立自己的评级机构，以挑战西方国家的霸权。

表 2　需要额外发展资金的关键部门

巴西	俄罗斯	印度 a	中国	南非
基础设施：港口；机场，高速公路 石油和天然气 电力	交通 制造业 采矿业 电力 天然气 水资源供应	机械工程 基础设施：公路、桥梁、铁路、港口、机场 电力 通信	医疗 生物科技 制药 可再生能源 高端装备制造	基础设施 采矿 清洁技术 制造业 旅游业

资料来源：Saran et al，p. 42.

　　金砖国家制定的目标是互利互惠，不干涉别国，但金砖国家成员却是非洲主要的武器进口国，这一矛盾引起了南非的担忧。金砖国家成员向非洲出售武器的做法将会引起争端，导致独裁政权的出现，造成人民流离失所，地区更加落后的恶性循环，并对周边邻国产生不利影响。非洲各国必须着手解决这些挑战。

　　金砖国家开展合作同样秉持着"没有永远的朋友，也没有永远的敌人，只有永恒的利益"这一观念。例如，来自巴西、中国和印度的低价和受补贴的商品会对南非的制造业（鞋类和纺织品行业）、制药业和家禽养殖业带来毁灭性冲击，同时加剧南非的失业问题。金砖四国与南非的关系同样符合现实主义的观念，即国家利益是至高无上的。这并非邪恶，只要金砖国家不以南半球团结对抗西方统治这样的说法进行欺骗。

　　伙伴关系意味着对某些事务以及其他国家和盟友持相同的立场。然而，由于每个国家都是多个组织的成员，所以它们的立场有时可能是矛盾的，尤其是在对中国的立场上。由于中国拥有最好的资源，同时与各国建立了广泛的联系，因此其对于各个国家来说都是不可或缺的伙伴。它可以利用其权力来对别国进行援助，但随着时间的推移，中国也有可能成为欺凌弱小的霸权国家。另外，中国还拥有比金砖国家更为重要的伙伴关系，同时金砖国家成员之间的双边关系也并非十分牢固。因此，金砖国家必须加强各成员之间的联系，确保其中一个或几个成员不会凌驾于其他处于劣势的成员之上。

四　其他合作倡议如何影响金砖国家，金砖国家又如何影响其他合作倡议？

之前关于战略伙伴关系的讨论表明，各国结成战略伙伴关系是为了达成具体的目标。因此必须对这些目标进行评估以测试其有效性。国家必须对加入一个或多个组织的合理性提出质疑，并就其面临的挑战进行考虑。另外，不加入某些合作倡议可能会带来重大损失。南非必须认清其参与的金砖国家倡议以及其他倡议是否会对其不利。例如，巴西－印度－南非（IBSA）论坛成立之后，其领导人被邀请以观察员的身份参加 2003 年在法国埃维昂举行的八国集团首脑峰会，在全球舞台上发挥发展中国家的作用。随后，巴西，印度和南非决定组建自己的政府间组织来推动全球治理体系改革，并要求获得联合国安理会常任理事国席位，在国际货币基金组织和世界银行董事会中获得更多代表权，并呼吁对发展中国家面临的发展问题予以更多关切。自此以后，巴西，印度和南非成立了不同的政府间、民间和商业组织。然而，随着时间的推移，尤其是随着巴西总统卢拉、南非总统塔博·姆贝基以及印度总理辛格的离任，这些组织的发展陷入停滞。他们的继任者将命运放在金砖国家集团中，这表明制度化倡议的不足。这三个国家与中国不同，它们没有足够的资源提出类似于中国在金砖国家中提出的倡议。

印度－巴西－南非论坛（IBSA）于 2013 年充满希望的正式启动。然而，多年之后，该组织并没有什么具体成果，而且其由于缺乏成员的支持而濒临死亡，特别是在金砖国家以及现在的"一带一路"（OBOR）形成以来，这样的情况更加显著了。具有讽刺意味的是，当南非加入金砖四国时，外交部部长玛蒂（Maite Nkoana Mashabane）承诺金砖国家将作为印度－巴西－南非论坛的补充。然而，恰恰相反的情况却发生了。为什么这三个国家不能继续在金砖国家保护伞下实施这些倡议呢？

那些可能会继续不挠不屈执行并集中力量的举措包括中非合作论

坛（FOCAC），该论坛在非洲和中国的支持下于 2000 年 10 月在北京举行了第一届中非合作论坛部长级会议，致力于进一步加强非洲与中国之间的友好合作和共同发展以及应对经济全球化的挑战，同时，该论坛在相应协商的基础上，增进理解，增进共识。自会议举办以来，非洲和中国之间的政治和经济关系已经稳固。另一个例子是印度于 2008 年成立的印度 - 非洲论坛，该论坛的目的是赶超其他竞争者，这些竞争者建立了类似的机构来巩固自身与非洲的政治文化和社会经济关系。

中国的巨大财富和其想要拥有全球权力的雄心意味着它可以引领许多双边和多边组织；同时还包括区域和全球合作倡议。其中有几项计划将重点关注其对金砖国家的影响。主导世界银行和国际货币基金组织（IMF）（中国在其中是微不足道的，即使中国是世界第二大经济体）的美国及其盟友对别国的不良待遇促使中国于 2016 年 1 月建立亚洲基础设施投资银行（AIIB），尽管在美国的施压下，西方主要国家还是都加入其中。亚洲基础设施投资银行的总部设在北京，行长是中国人，并且目前只有中国和印度组成理事会成员，股东只代表中印两国（以同国人为候补①），这实际上是在复制西方的弊病。冯（Feng）和米切尔指出，57 个创始成员中的巴西和南非拥有额外的 1 年时间来完成正式加入流程，此前它们错过了 2016 年 12 月 31 日的最后期限。但两国面对的经济挑战可能使其对新开发银行的贡献大打折扣，这可能会导致两国对成员数量以及它们投票权所占的百分比进行限制。亚洲基础设施投资银行将大量资金投资于雄心勃勃的"一带一路"倡议，该倡议是中国主导的，且覆盖 57 个国家，占全球人口和经济产出的 75% 和 55%。区域成员——亚洲、中东和太平洋国家拥有 79% 的股本和 77% 的投票权，主要工作也都围绕该地区展开。令人费解的是，"一路"指的是一条将中国南部海岸线与东非和地中海连接起来的海上路线；"一带"包括连接

---

① China $29, 780. 4billion; votes 300, 746; percent of total 27. 5186. India $8, 367. 3; votes 86, 615; percent of total 8. 9978. Russia $6, 536. 2; votes 68, 304 and percent of total 6. 2499, making them the 1st to 3rd largest voters.

中国、中亚、中东和欧洲的各种陆路走廊。已公布的"一带一路"倡议表明其是一个"开放合作……向所有国家和国际和区域组织开放"的倡议。然而，该倡议同时致力于发展多国的基础设施、促进中国在欠发达地区的经济增长、减少其长期过剩产能问题、获得地缘政治影响力、创造中国产品的销售市场、投资巨额外汇储备（3 万亿美元）等，批评者认为"一带一路"是一个为了巩固北京经济领导地位的倡议。

目前中国在 56 个经贸合作区的投资超过了 500 亿美元，在"一带一路"沿线国家中创造了大约 180000 个工作岗位。在 2017 年 5 月的"一带一路"峰会期间，中国承诺在接下来的几年中向"一带一路"沿线国家大约投资 9000 亿美元，承诺中国和其他国家之间的贸易交易额超过 3 万亿美元；"一带一路"沿线国家在五年内可以向中国出口 2 万亿美元。巴西、印度和南非不是"一带一路"成员。印度拒绝参与"一带一路"峰会，宣称"互联互通项目必须以尊重主权和领土完整的方式进行"，基于对投资 520 亿美元建设的中国 - 巴基斯坦经济走廊（穿越争议地区克什米尔）和巴基斯坦经济增长的关注，印度拒绝参加中国最近举办的"一带一路"峰会的邀请，有人质疑这一战略行动。此外，印度警告说，以斯里兰卡为例，因其未能偿还中国 80 亿美元的贷款，斯里兰卡有望将汉班托特港卖给中企抵偿贷款。

各种各样的合作倡议（印度 - 巴西 - 南非三国论坛、中非合作论坛，印度 - 非洲论坛、非洲拉丁美洲美国协会，金砖国家等）需要各成员提供大量资源，以准备和参加各种活动、缴纳会费、执行和评价计划、平衡有时发生的冲突，一方面管理成员之间的期望和竞争，另一方面协调外部各方关系。不同于中国，其他金砖国家成员国资源受限，考虑到它们同时是各种其他伙伴关系的成员，这限制了它们能够实现金砖国家义务的程度。中国有能力参加越来越多的国际机构，但其效果和效率是有限的。因此，中国可能承受有损于其利益、忽略自身发展的某些义务。

五　金砖四国与南非跨国有组织犯罪

联合国大会于 2000 年 11 月 15 日通过了《联合国打击跨国有组织

犯罪公约》及该公约《关于预防、禁止和惩治贩运人口特别是妇女和儿童行为的补充议定书》（TiP）、《关于打击陆、海、空偷运移民的补充议定书》（SoM）、《打击非法制造和贩运枪支及其零部件和弹药问题以及包括在海上非法贩运和运送移民问题的各项国际文书》（TiF），所有国家和区域组织都需要公开签署上述公约，2000 年 12 月 12～15 日在意大利巴勒莫以及此后于 2002 年 12 月 12 日在纽约的联合国总部，这些组织至少有一个成员需要签署如上公约。《联合国打击跨国有组织犯罪公约》于 2003 年 9 月 29 日生效，目前有 147 个缔约国和 187 个批准国①；《关于预防、禁止和惩治贩运人口特别是妇女和儿童行为的补充议定书》于 2003 年 12 月 25 日生效，有 117 个缔约国和 170 个批准国；《关于打击陆、海、空偷运移民的补充议定书》于 2004 年 1 月 28 日生效，有 112 个签署国和 143 个批准国；《打击非法制造和贩运枪支及其零部件和弹药问题以及包括在海上非法贩运和运送移民问题的各项国际文书》于 2005 年 7 月 3 日生效，有 52 个缔约国和 114 个批准国。《联合国反腐败公约》（UNCAC）于 2003 年 10 月 31 日由联合国大会审议并通过，各国于 2003 年 12 月 9～11 日在墨西哥的梅里达、尤卡坦进行签署。此后，在纽约联合国总部的 140 个国家又签署了该公约。《联合国反腐败公约》于 2005 年 12 月 14 日生效，并且截至 2016 年 12 月，该公约的缔约国已达到 181 个，并且只有 16 个未批准国②。《联合国反腐败公约》致力于遏制破坏民主、法治和可持续发展的弊病。

2003～2011 年，金砖国家批准了《跨国有组织犯罪公约》和《关于预防、禁止和惩治贩运人口特别是妇女和儿童行为的补充议定书》；同时，中国没有批准《关于打击陆、海、空偷运移民的补充议定书》，俄罗斯没有批准《打击非法制造和贩运枪支及其零部件和弹药问题以及包括在海上非法贩运和运送移民问题的各项国际文书》。此外，值得称赞的是，金砖国家成员批准了《联合国反腐败公约》，但更重要的是它

---

① 其中 182 个国家是联合国成员。

② Andorra, Barbados, Chad, Equatorial Guinea, Eritrea, Japan, Monaco, North Korea, Saint Kitts and Nevis, Saint Vincent and the Grenadines, Samoa, San Marino, Somalia, Suriname, Syria and Tonga.

们对条款的执行，尤其是在对内关系中。现在看来，南非似乎不得不成为其他成员的目标。金砖国家理应协助支持国际安全合作，尤其在解决冲突，不扩散大规模毁灭性武器，打击国际恐怖主义、贩毒、海盗、洗钱、非法小武器交易和非法移民等领域。然而，随着南非从 1990 年开始同国际社会交往，在 1994 年多数派进行统治前，跨国有组织犯罪集团开始以该国为目标。当时的金砖四国成员也不例外，开始进行偷猎鲍鱼和犀牛（中国）、大规模贩毒（巴西和俄罗斯）、贩卖人口、偷运移民、非法文件诈骗（中国、印度、俄罗斯）、买卖假冒商品和非法武器、卖淫和洗钱（巴西、中国、印度和俄罗斯）的活动。

人类对寻求重获青春活力的着迷助长了世界各地对动植物的非法跨国贸易。最近在南非盛行狮子骨头和驴的交易。这个全球市值数十亿美元的行业使驴被棍棒打死并剥皮生产成明胶，其在中国被称为阿胶，然后再加上热饮料、坚果和种子加以生产；驴肉应该比牛肉具有更多的营养，曾用于烧饼和炖菜中。驴在中国的数量从 20 世纪 90 年代的 1100 万下降到 2013 年的 600 万。Raborife 报道称，在豪登省的一个农场里发现了 1000 头驴和 7 张虎皮，这都源于中国需求的增加，再加上不断增加的一些濒危物种的非法交易，导致了虐待和偷窃动物活动的发生。Pijoos 报道称，南非国家检察机关（NPA）的资产没收部（AFU）获得了驴的保护令，这些隐藏的受保护的驴估计价值达 4381500 兰特。继尼日尔、塞内加尔、马里、布基纳法索、冈比亚之后，据报道博茨瓦纳也已经禁止出口驴。

印度古普塔家族来自萨哈兰普尔，于 1993 年抵达南非，据称一直在孜孜不倦地讨好政治家（这些政客是总统及其家人的密友），并且为赢得支持而放弃了一些既得利益，包括被授予的早期国籍、获得的机密消息、商业交易等——古普塔家族受到前公众保护者的指控。媒体上几乎每天都充斥着对他们错误行为的指控，目前涉及资金在数十亿兰特。他们受到的指控还包括破坏国家机构、引起民众对政府的不信任、促进执政党的分裂。司法部门审理了许多涉及上述行为的案件。古普塔的丑闻已经遍布社会各界，激起民众为督促总统辞职而进行斗争。

南部非洲信仰社区环境研究所和"非洲地球生活"就南非与俄罗斯

之间的 2014 项政府协议提起诉讼。为了 8 座成本在 5 亿～10000 亿元的核反应建筑，南非政府在公开招标过程中与俄罗斯国家原子能公司 Rosatom 的动作违反了国家法律，包括制定一个有利的税收制度。公众也对可能的腐败和政府的负担能力表示关注。2017 年 4 月，南非法院取消了上述协议并重新计划采购程序，指明该事项必须根据宪法的要求重新提交议会审议和指导。

应敦促南非加强对其他金砖国家成员的跨国有组织犯罪的削弱，并坚信这些问题都是可以通过集体解决的，包括为成功起诉肇事者提供有效信息。

六　科学界：智库及其发展

智库不仅考虑过去、现在和未来，而且还通过多方面专家小组的努力实现政策和立法改革，再加上具体问题的解决方案，可以有效地帮助社会应对今天的 VUCA（易变性、不确定性、复杂性、模糊性）世界。因此，它们必须确保其研究是最有价值、最合适和最广泛的，特别是对那些财力、人力、信息和技术资源有限的组织来说。如今对数据的快速分析需要灵活能力，这可以通过合作来实现，因为没有一个智库可以掌握所有知识（语言、文化、地方等）来处理手头上的问题。然而，智库需要警惕涉及国家议程和不够客观的问题，同时警惕许多令人讨厌的政策和做法在全球制造混乱。

McGann 10 年来一直致力于制作全球智库指数，力求对它进行尽可能全面的研究。他发现金砖国家成员在全球拥有最多智库的 25 个国家中存在较大的差异，美国拥有 1835 个智库，排名第 1；中国第 2；印度第 3；俄罗斯第 8；巴西第 12；南非第 13。这些国家的智库数量分别为 435 个、280 个、122 个、89 个以及 86 个。

在除美国以外的全球个人智库排名中，番达曹格图里奥瓦尔加斯大学（FGV）① 处于第 12 位；中国现代国际关系研究院②第 14；莫斯科卡

---

① Brazil
② China

内基中心①第 23；国防研究与分析研究所②第 30；非洲建设性解决争端中心③第 32。令人难以理解的是，当美国被列入排名时，巴西成为第 9④、俄罗斯第 24⑤、中国第 33⑥、南非第 50⑦、印度第 54⑧。在金砖国家层面上，按时间顺序排名，番达曹格图里奥瓦尔加斯大学在美国中部和拉丁美洲排名第 1；莫斯科卡内基中心在中欧和东欧排名第 2；印度国防研究与分析研究所和中国现代国际关系研究院在中国、印度、日本和韩国组织中分别排第 7 和第 5；非洲建设性解决争端中心在撒哈拉沙漠以南非洲排名第 5。根据专业化区域和其他标准，还进行了进一步排名。事实上，金砖国家智库在高层中占有突出地位。但是，也存在一些显著差距，各成员必须在这些领域中努力加强自身能力。

McGann 为智库的增加提供了以下理由：信息与技术革命；结束政府对信息的管制；政策制定的日益复杂性和技术性质；大的政府；缺乏对政府的信任；全球化和参与者的多重性；信息和通信技术（ICT）产业革命；以正确的形式、在正确的手和正确的时间中，要求适当准确的信息和分析。另一个原因是，当局（公众和私人）对智库减少的不满情绪；限制性资源；智库捐助者的短期化以及具体项目的资金；机构能力弱；倡导组织、营利性咨询公司、律师事务所的竞争加剧；对政治和监管环境的适应性差，导致对许多国家的智库和非政府组织越来越敌视；电子媒体的消耗。此外，他还说，还有四个对智库的威胁——问题、参与者、竞争和冲突。发展中国家的智库特别容易依赖捐助者，特别是影响它们制定议程和运营的外国人，这些外国人常常具有主观性。不过，它可以用另一种方式工作，特别是在压迫状态下可以将危害暴露出来。

---

① Russia

② India

③ South Africa

④ Fundacao Getulio Vargas

⑤ Carnegie Moscow Center

⑥ China Institutes of Contemporary International Relations

⑦ Food, Agriculture and Natural Resources Policy Analysis Network

⑧ Institute for Defence Studies and Analyses

McGann 建议四"多"：任务多、市场多、人力多和金钱多，为了应对智库在全球长期议程中所面临的挑战，我们正在着手研究。

金砖国家智库理事会成立于 2013 年，是负责从事研究、传播信息和知识、交流思想以及就各种政策问题向各国提供咨询意见的组织。该学术论坛定于每年举行一次会议。金砖国家成员在智库的数量、质量和研究领域都有很高的定位。即使它们和其他国家面临同样的挑战。俄罗斯在某种程度上是相似的。同其他三个国家相比，某种程度上俄罗斯的智库运营更自由化。中国政府支持的一个优势是有利于智库获得更多资源，认识到它们承担的工作越多，中国人对金砖国家其他成员和全球问题的了解就越多。此外，中国人在语言方面进行投资，从而试图理解其他成员国的语言。然而，中国可以从其他国家学到很多东西，即智库运作的悠久历史，甚至是获得政府支持的方法。金砖国家智库之间有很大的合作空间，包括能力建设、加强机构交流以及加强对正在处理问题的关注。

七　南非思考与其本国利益相关的问题

由于现实主义者都认为政客们要始终以国家利益和国家生存的必要性为重，所以南非领导人遵循这一理论也理所当然。他们充分质疑金砖国家议会中普遍存在的共同富裕和共同繁荣的概念吗？他们认为成员是平等的，而不是幻想吗？他们认为，互联互通实际上是汲取自然资源的工具，然后作为昂贵的制成品返回，对国家没有乘数效应吗？为什么他们现在对去工业化保持沉默了呢？廉价进口造成的失业和社会挑战，使得越来越多的中国人和印度人（许多都是寻求庇护者）步入南非的零售业；他们何时寻求对可能想步入这些国家零售业的南非人民提供平等待遇？南非如何对其他金砖国家成员进行反渗透？最后，为使南非在金砖国家中发挥更大战略作用，南非如何在区域和全球范围内弱化社会经济影响和软实力？所有这些问题都需要深刻反思，并且制定和实施恰当的战略，以确保南非国家利益的界定和保护。McKaiser 等人认为自 1994 年起大多数执政党领导的非洲民族会议（ANC）无法令人信服地回答上述问题，无力引领南非走可持续发展之路，无能、腐败和自我扩张问题成风。

八　结论

许多非洲当地人都秉持一种西方在过去和现在都在剥削他们，来自南半球的国家以利他的意图与他们接触的观点。的确，许多人不知道，自 7 世纪中期开始，阿拉伯人便踏足非洲。当时非洲人的热情被利用，在今天还有许多外国人与非洲人进行接触。非洲的这种弱点主要源于其政治和社会经济领导与治理能力薄弱。米尔斯（Mills）和库柏（Qobo）得出这样的结论："全球外交频繁的当代见证了日益激烈的政治和经济竞争……在发达国家和发展中国家之间，而且还在发展中国家之间。"因此，"国家的利益，而不是友谊，一直是金砖国家在非洲日益崛起的显著推动因素，"它们（国家利益）"主要不是为了推动解决非洲的发展问题，而是致力于满足自己的商业利益，并将非洲作为维护国际合法性和信誉的途径。" Visentini 同时指出，"对许多人来说，与非洲的关系，证明了卢拉总统社会计划的团结范围，而另一些人则认为这些只是声望外交，浪费时间和金钱。最后，有些人把这些关系视为商业外交，一种在非洲的'软帝国主义'。"

寻求"一带一路"建设下的中印发展对接

林民旺

复旦大学国际问题研究院研究员

一　对接作为"一带一路"的推进路径：基础、形式与内容

2013 年习近平主席分别在哈萨克斯坦和印度尼西亚提出了"丝绸之路经济带"和"21 世纪海上丝绸之路"（以下简称"一带一路"）倡议。这一倡议提出后，得到国内外各方积极响应，逐渐发展为中国的国家大战略，中央专门设立了高规格的"一带一路"建设工作领导小组，并于 2015 年 3 月底的博鳌论坛上发布了《推动共建丝绸之路经济带和 21 世纪海上丝绸之路的愿景与行动》（以下简称《愿景与行动》）文件。① 在《愿景与行动》中，中国提出"一带一路"建设的共建原则，其中指出"坚持互利共赢。兼顾各方利益和关切，寻求利益契合点和合作最大公约数，体现各方智慧和创意，各施所长，各尽所能，把各方优势和潜力充分发挥出来。"② 这一原则事实上就构成了推进"一带一路"

---

① 中国网：《推动共建"一带一路"愿景与行动》（全文），http：//news. china. com/domesticgd/10000159/20150328/19439017_ all. html # page _ 2，2016 年 4 月 22 日访问。

② 中国网：《推动共建"一带一路"愿景与行动》（全文），http：//news. china. com/domesticgd/10000159/20150328/19439017_ all. html # page _ 2，2016 年 4 月 22 日访问。

与各方发展战略"对接"的思想和原则基础。

最早明确地与"一带一路"对接的是俄罗斯主导的"欧亚经济联盟"。2015 年 5 月俄罗斯总统普京访华期间,中俄签署了《中华人民共和国与俄罗斯联邦关于丝绸之路经济带建设和欧亚经济联盟建设对接合作的联合声明》,明确提出"双方将共同协商,努力将丝绸之路经济带建设和欧亚经济联盟建设相对接,确保地区经济持续稳定增长,加强区域经济一体化,维护地区和平与发展"①。另一项重要的突破则是中俄蒙三方寻求的共同对接。2015 年 7 月,中俄蒙三国领导人第二次会晤中,签署了《中华人民共和国、俄罗斯联邦、蒙古国发展三方合作中期路线图》,规定"在对接丝绸之路经济带、欧亚经济联盟建设、'草原之路'倡议基础上,编制《中蒙俄经济走廊合作规划纲要》"②。此后,"一带一路"沿线多达 30 多个国家陆续与中国签订了对接"一带一路"的官方文件,如哈萨克斯坦的"光明大道"、蒙古的"草原之路"、印尼的"全球海上支点"等,都与"一带一路"对接。由此,寻求发展战略上的"对接"就成为中国与沿线国家推进"一带一路"的重要方式。

从已经达成的"对接"协定上看,要实现两国发展战略的对接,就是基于对接国家自身发展战略的需要,通过寻求与"一带一路"在发展战略上的利益契合点,通过各施所长,各尽所能,把各方优势和潜力充分发挥出来,实现互惠互利的目标。因此,在对接过程中,很重要的一点是,需要双方认识到彼此的利益交汇之处,同时还要找到目标上的一致性。如果缺乏这样的认识基础,则可能缺乏"对接"的可能性。换言之,参与国对接"一带一路"的前提是,认识到"一带一路"能够给自身发展提供机遇,虽然也可能带来挑战,但是机遇总是大于挑战。

---

① 外交部:《中华人民共和国与俄罗斯联邦关于丝绸之路经济带建设和欧亚经济联盟建设对接合作的联合声明》(全文),http://www.fmprc.gov.cn/web/gjhdq_676201/gj_676203/oz_678770/1206_679110/1207_679122/t1262143.shtml,2016 年 4 月 22 日访问。

② 外交部:《中华人民共和国、俄罗斯联邦、蒙古国发展三方合作中期路线图》,http://www.fmprc.gov.cn/web/gjhdq_676201/gj_676203/oz_678770/1206_679110/1207_679122/t1280229.shtml,2016 年 4 月 22 日访问。

在对接的具体形式上，《愿景与行动》已经明确指出，"利用现有双多边合作机制推动'一带一路'建设"，主要对接的形式包括：（1）加强双边合作，开展多层次、多渠道沟通磋商，推动双边关系全面发展。推动签署合作备忘录或合作规划，建设一批双边合作示范。（2）强化多边合作机制作用，发挥上海合作组织（SCO）、中国－东盟"10＋1"、亚太经合组织（APEC）、亚欧会议（ASEM）、亚洲合作对话（ACD）、亚信会议（CICA）、中阿合作论坛、中国－海合会战略对话、大湄公河次区域（GMS）经济合作、中亚区域经济合作（CAREC）等现有多边合作机制作用，相关国家加强沟通，让更多国家和地区参与"一带一路"建设。（3）继续发挥沿线各国区域、次区域相关国际论坛、展会以及博鳌亚洲论坛、中国－东盟博览会、中国－亚欧博览会、欧亚经济论坛、中国国际投资贸易洽谈会，以及中国－南亚博览会、中国－阿拉伯博览会、中国西部国际博览会、中国－俄罗斯博览会、前海合作论坛等平台的建设性作用。① 因此，对接的具体形式可以是双边的，也可以是多边的；可以是双边性的，也可以是区域或全球性的；可以是利用现有机制，也可以着手建立新的平台。"一带一路"对于对接的具体形式并没有任何确定性的要求，相反却是开放的。

在对接的具体内容上，对接的具体内容主要集中在"五通"，即政策沟通、设施联通、贸易畅通、资金融通、民心相通。它们的内容和作用分别是：（1）政策沟通是共建"一带一路"的重要保证。（2）设施联通是共建"一带一路"优先领域。（3）贸易畅通是共建"一带一路"的重点内容。（4）资金融通是共建"一带一路"的重要支撑。（5）民心相通是"一带一路"建设的社会根基。②

---

① 中国网：《推动共建"一带一路"愿景与行动》（全文），http：//news. china. com/domesticgd/10000159/20150328/19439017＿ all. html＃page＿ 2，2016 年 4 月 22 日访问。

② 中国网：《推动共建"一带一路"愿景与行动》（全文），http：//news. china. com/domesticgd/10000159/20150328/19439017＿ all. html＃page＿ 2，2016 年 4 月 22 日访问。

二 寻求中印发展对接的可能性

印度对于中国在南亚地区建设"一带一路"具有重要影响。南亚的地理结构使得印度成为整个次大陆的核心，而印度的整体经济实力占据了这一地区的80%以上，使得它在南亚所享有的影响力是没有任何国家可以匹敌的。另外，也存在能够争取印度参加的可能，毕竟事实上印度的一只脚已经踏进"一带一路"的门槛里了：因为印度已经加入亚投行、金砖银行等"一带一路"的融资机制，已经与中国、孟加拉、缅甸共同建设孟中印缅经济走廊。

抛开印度对"一带一路"的表态不谈，双方都有推进经贸合作的强烈需求。早在2013年5月，李克强总理在访问印度时的演讲中就已经呼吁中印两大市场的互补对接，"中印两国的市场同为极具潜力的市场，总人口超过25亿，如果每人换1部手机，全球IT制造商的订单就会爆满。两国产业的互补性也很强，印度在信息软件、生物制药等方面具有优势，中国在机电轻纺、新兴产业等领域发展较快；印度正在推进基础设施建设，中国在这方面经验丰富。中印两大市场的对接可以产生'1+1>2'的叠加效应，既有利于两国经济持续发展，也能为全球经济注入新的动力"[1]。李克强总理在总结访问成果时说，中印两国明确了两个潜力最大市场对接互补的新途径。探讨了贸易和投资便利化事项，确定要开展产业园区和铁路等方面的大项目合作，推动双边贸易动态平衡和经贸合作规模持续扩大。同时还探索了两个新兴经济体互联互通的新方式，特别是倡议建设孟中印缅经济走廊，加强边境贸易，推动形成更大的市场和发展合力。[2] 换言之，在习近平主席提出"一带一路"之前，中印就已经在谈论市场的对接了。

---

[1] 《李克强在印度世界事务委员会的演讲》，http：//www. fmprc. gov. cn/web/gjhdq_676201/gj_676203/yz_676205/1206_677220/1209_677230/t1042441. shtml，2016年4月22日访问。

[2] 《李克强在印度世界事务委员会的演讲》，http：//www. fmprc. gov. cn/web/gjhdq_676201/gj_676203/yz_676205/1206_677220/1209_677230/t1042441. shtml，2016年4月22日访问。

到 2014 年 9 月，习近平主席访问印度时，重新"定位"了两国的战略伙伴关系，即中印两国要做更加紧密的发展伙伴、引领增长的合作伙伴和战略协作的全球伙伴。习近平主席在印度世界事务委员会的演讲中强调，"中印两国要做更加紧密的发展伙伴，共同实现民族复兴。发展是中印两国最大的共同战略目标。中印两国当务之急都是让本国人民生活得更舒心、更安心、更幸福。我们应该聚焦发展、分享经验，深化互利合作，努力实现两国和平发展、合作发展、包容发展"。他同样明确地提到中印要实现发展的对接，"中国被称为'世界工厂'，印度被称为'世界办公室'，双方应该加强合作，实现优势互补。我们要推动中国向西开放和印度'东向'政策实现对接，打造世界上最具竞争力的生产基地、最具吸引力的消费市场、最具牵引力的增长引擎。我们还要扩大投资和金融等领域合作，实现双方务实合作全面发展。"①

2015 年 5 月莫迪总理对中国进行了成功的访问后，两国发展对接的共识进一步得到确认。2015 年 11 月李克强总理在参加东亚峰会期间会见印度莫迪总理时指出，中印发展战略契合。中国正在实施"中国制造 2025""互联网 +"等战略，印度正在大力推进"印度制造""数字印度"等发展战略，双方合作前景广阔。中方愿同印方推动孟中印缅经济走廊建设取得"早期收获"，加强贸易投资、基础设施建设、金融等领域合作，拓展人文合作空间，夯实两国关系民意基础。②

总而言之，中印在"一带一路"建设中的对接，不仅是可能的，是在"一带一路"倡议提出之前就已经启动了这一进程，并且正在寻求更深层次的对接。

---

① 《习近平在印度世界事务委员会的演讲》，http：//www.fmprc.gov.cn/web/gjhdq_676201/gj_676203/yz_676205/1206_677220/1209_677230/t1192744.shtml，2016 年 4 月 22 日访问。

② 新华社：《李克强会见印度总理莫迪》，http：//news.xinhuanet.com/world/2015-11/21/c_1117216984.htm，2016 年 4 月 22 日访问。

三　实现中印发展对接的基础与内容

（一）中印对接的现实基础："印度制造"计划

2014 年 9 月 25 日，印度总理纳伦德拉·莫迪推出"印度制造"计划（Make in India Campaign），希望将制造业占印度国内生产总值的比重从目前的 15% 提升至 25%，并为每年进入印度劳动力市场的逾 1200 万年轻人创造就业，把印度打造成一个可以媲美中国的世界制造中心。[1]

"印度制造"计划主要由新设立的国家级项目组成，目的是便利投资，促进创新，加强技术开发，保护知识产权并建立高水准的基础设施以增加印制造业在国内生产总值中的比重并把以制造业为重要经济引擎的城市打造成可持续发展的智能型城市。目前主要由印度商工部工业政策和促进局负责开展这一计划，印政府在全国范围内打造了呈五边形的五条走廊来大力发展制造业。这其中最重要的是德里－孟买工业走廊计划，印度政府在 2007 年 8 月原则上批准了该计划。其他已具备概念的四条走廊是班加罗尔－孟买经济走廊、阿姆利则－加尔各答工业开发走廊、钦奈－班加罗尔工业走廊、东海岸经济走廊。[2]

"印度制造"计划和中国的"一带一路"战略有较高的契合度。印度成为中国产业转移的首选目的地，中国需要迅速成长的印度市场来缓解产能过剩和减轻出口压力，而印度可以通过承接来自中国的一部分产业转移，使自己在较短的时间内实现国内工业的飞速发展。[3]

对于中国投资者而言，印度发展制造业的长期战略在以下几个领域值得重视[4]：（1）矿业的开采与加工，印度共出产 88 种矿产，其中包括

---

[1]　《莫迪推"印度制造"计划》，《金融时报》，http：//www. ftchinese. com/story/001058406，2015 年 11 月 20 日访问。

[2]　详见印度制造网，http：//www. makeinindia. com/live－projects－industrial－corridor/，2015 年 11 月 20 日访问。

[3]　刘小雪：《中印经贸关系复杂》，载于《中国经贸》2013 年第 3 期，第 24 页。

[4]　详见"印度制造网"，网址为 http：//www. makeinindia. com/，2016 年 3 月 20 日访问。

4 种能源型矿藏，10 种金属类矿物，50 种非金属类矿物和 24 种次级矿物。（2）交通与电力基础设施建设，维护与升级，包括普通公路和高速公路、普通铁路和高铁、油气输送管道等开发建设，升级改造与维护保养等。（3）汽车产业，印度政府重点扶持的产业，主要包括汽车和拖拉机的制造和汽车零部件的生产，电动汽车的市场前景也非常可观。（4）新能源开发，包括对水力发电站的开发，建设风力发电机组，发展太阳能光伏产业以及生物能源（如乙醇汽油）的开发。（5）航运与造船产业，包括港口的建设、改造与升级，船台与船坞的建造和技术升级，民用运输船舶、特种船舶、海洋工程设备的制造与维修，船员、航运管理人员的培训以及海事服务业的开发等。（5）旅游业的开发，包含乡村旅游、生态旅游等。

（二）中印对接的主要内容

自印度总理莫迪于 2014 年 9 月 25 日提出"印度制造"计划以来，印度国内各领域多个项目涌现，包含印度的工业园区和经济特区、能源资源、交通基础设施和造船工业等，这也意味着中印经贸对接的机遇和重点。

一是自然资源的投资。印度资源丰富，有近 100 种矿藏。云母产量世界第一，煤和重晶石产量均为世界第三。印度的矿产潜力巨大，并能够保证长达 20 ~ 30 年的矿业租赁权，其在今后 15 年对各种金属和矿产的需求量会大大增加。此外印度能源和水泥产业的发展促进了金属和矿业迅速发展，其地理位置也有利于出口。印度铝矿的基础储量为世界第六，铁矿的基础储量为世界第五，分别占全世界产量的 5% 和 8%。

在油气方面，印度有 15 个含油气盆地，常规油气资源量为 281 亿吨油当量，其中已发现 111 亿吨油当量，待发现 170 亿吨油当量，待发现资源占总资源量的 60%。已发现油气资源主要分布在西部海上的孟买高盆地，东部孟加拉湾海上的安得拉邦、古吉拉特邦、奥里萨邦和阿萨姆等地，其中 7 个盆地有油气生产活动。[①]

---

① Sedimentary Basins in India, Ministry of petroleum&Natural Gas http：// www. oilobserver. com/tendency/article/1504，2016 年 4 月 20 日访问。

二是在印度的经济特区与工业园区投资。目前印度共有202个以出口为导向的经济特区,分布在北方邦,中央邦,泰米尔纳德邦等。[①] 印度的经济特区政策尚处于初期阶段,大部分拟建的经济特区面积都很小。[②] 近年建立的多个工业园大多荒废。主要原因包括工业园本身以及配套设施建设都难以满足外资投资需要,其土地法很不利于吸引外国投资,征地非常困难,劳工政策对于大型企业来说非常苛刻。[③]

三是造船工业。印度是南亚次大陆和印度洋沿岸的大国,其海岸线长达约7500千米,具有发展造船工业的良好天然条件。印度造船业在2002~2007年经历了快速发展时期,造船业整体营业额增长了259%,跻身全球主要船舶出口国家行列。然而,在随后的几年里,印度造船业开始走下坡路,这主要是由两个原因造成:一是印度政府政策缺位,印度船企在税收和融资方面得不到来自政府的特殊支持;二是造船企业缺乏技术熟练的工人。即便如此,印度造船业发展有其优势,主要包括低廉的劳动力价格、较大的国内需求市场、国内工业可以提供造船所需的原材料,以及约7500千米的海岸线。[④]

四是基础设施建设。印度的"十二五"规划委员会已经计划在基础设施领域投入巨额资金,其中,印度的公路和桥梁基础设施预计在2017年接近192亿美元,总的公路和桥梁基础设施预计在2012~2017年复合年增长率为17.4%。在印度政府第十二个五年计划中有20%用于发展国道等基础设施。在铁路方面,"十二五"规划委员会已经批准了共计956亿美元的资金投入。加之私营部门加入这一领域,预计到2020年国

---

① List of Operational SEZ of India as on 18.02.2016, http://sezindia.nic.in/writereaddata/pdf/ListofoperationalSEZs.pdf, 2015年11月20日访问。

② 《莫迪推"印度制造"计划》,《金融时报》,http://www.ftchinese.com/story/001058406, 2015年11月20日访问。

③ 刘小雪:《中印经贸往来还有很大发展空间》,http://www.nbd.com.cn/articles/2014-09-11/862453.html, 2015年11月20日访问。

④ Indian Shipbuilding Industry: Poised for Take off, https://www.kpmg.com/IN/en/IssuesAndInsights/ThoughtLeadership/Indian%20Shipbuilding%20Industry-%20Poised%20for%20Take%20off.pdf, 2016年4月20日访问。

内地铁网络的投资将会达到 420 亿美元。印度民航工业也是一个高速增长的行业。据估计，印度 2020 年将会成为世界第三大民航市场，2030年有望成为世界上最大的民航市场。[①] 印度计划委员会在第十二个五年计划时打算在港口领域投资 180626 亿卢比（约合 300.5 亿美元）。印度目前拥有十三个主要的港口，大约有 95% 的贸易量主要通过海上运输。在电力基础设施方面，莫迪上台后计划要在 5 年任期内让全国家家户户都"至少亮起一盏灯"，主要集中于火电、水电和太阳能等。[②] 印度国内油气管网主要分布于西北和东北部。印度政府计划在 2017 年之前再增加1.80 万千米天然气管线，并规划建设多条跨国天然气管线，如土库曼斯坦 – 阿富汗 – 巴基斯坦 – 印度（TAPI）天然气管线等。

（三）中印对接的风险与挑战

为了吸引更多的外商投资，印度政府已经制定了一项有利于投资者的政策：即在多数部门领域，允许外商直接投资，自动路径的投资上限为 100%。[③] 印度政府还推出了网上环境审批制度，加快项目审批，提高透明度。在一些鼓励投资的行业，主要包括基础设施、具有出口潜力的项目、能大量雇佣劳动力的项目等，印度政府给予投资者相应关税和税收的优惠政策。经济特区也针对印度国内和国外的投资实施了一系列优惠政策，如公司成立后头 5 年 100% 免征出口收益所得税，之后 5 年免除 50% 的出口收益所得税以及 50% 再投资后的出口收益所得税；对不超过 5 亿美元的外部商业借款不设限；免除中央营业税、替代最小赋税和服务税。[④]

---

① 印度中国企业商会：http：//ccei. org. in/infrastructure. html，2015 年 11 月 20 日访问。

② 印度中国企业商会：http：//ccei. org. in/infrastructure. html，2015 年 11 月 20 日访问。

③ 印度商工部：*Annual Report* 2014 – 2015，http：//mhrd. gov. in/annual – report –2014 – 2015 – part – i，2016 年 4 月 20 日访问。

④ 印度商工部：*Annual Report2014 – 2015*，http：//mhrd. gov. in/annual – report –2014 – 2015 – part – i，2016 年 4 月 20 日访问。

为了促进偏远、交通不便地区实现工业化，中央政府制定了主要针对印度东北地区八邦的《2007 年东北工业投资促进政策》。根据财政部下属税务局规定的附加值规范，该政策为投资上述地区的企业提供了一系列相关优惠政策，包括资本投资补贴、利息补贴、保险报销、免除100% 的所得税和消费税等。[①]

与此同时，同样要认识到在印度投资的风险和挑战。2014 年 9 月习近平主席访印和 2015 年 5 月印度总理莫迪访华，中方承诺对印投资，印方承诺进一步改善投资环境并给予中方更多投资优惠条件。但是，中方在印度仍然存在各种潜在的投资风险，主要体现在印度针对中国投资方面限制颇多；印度国内腐败严重、审批程序繁杂；印度国内立法名目繁多，阻碍外商投资进入印度市场；基础设施条件差等方面。

由于中印两国缺乏政治互信，印度对来自中国的投资限制颇多。《2000 年外汇管理（在印设立分支机构、办事处或其他商业机构）规则》第四条规定，巴基斯坦、孟加拉国、斯里兰卡、阿富汗、伊朗、中国六国居民如在印设立任何商业机构，必须首先获得印度储备银行预先许可。再如签证问题，很多限制国家公民无法申请印度长期签证和工作签证，签证延期也必须返回本国办理，严重阻碍了对印度的投资。

在印度的投资风险还包括印度国内官员腐败猖獗，寻租现象比比皆是，腐败和行政效率低下被公认为是印度政府的两大痼疾。外国公司在印度申请注册公司或申请项目审批，常常是半年多没有回音。印度法律体系虽较完善，但执行情况不好，通过司法程序解决投资或合作争端非常烦琐，许多纠纷长期悬而未决。

此外，印度国内各种法律名目繁多，对外商投资有诸多限制。2013年印度新土地法案规定，征地方必须向农村、城市地区的土地所有者分别支付最高达土地市价四倍、两倍的对价。且当公私合营项目、私营企业进行征地时，必须事先分别取得 70% 和 80% 的土地所有者的同意。与其他国家相比，印度的劳动法规规定严格、内容复杂，《1947 年产业

---

① 印度商工部：*Annual Report2014 - 2015*，http：//mhrd. gov. in/annual - report - 2014 - 2015 - part - i，2016 年 4 月 20 日访问。

争议法》要求雇用 100 名员工以上的企业在裁员或停业之前必须获得政府批准。此外，印度针对外商投资的税种繁多，税率波动较大。虽然莫迪政府提出一系列改革计划，但遭到了印度国内民众和反对党的反对，改革进程步履维艰。

除了以上投资风险之外，印度基础设施落后，铁路、公路、机场和港口等领域基础设施严重不足且效率低下。与此同时印度能源也严重短缺，尤其是石油和电力。这些因素大大增加了外国投资的成本，中国企业在做出投资时应规避此类风险。

总而言之，印度的经济基础和莫迪政府当前的"印度制造"给中印经济对接提供了契机，本文着重讨论了几个可能的对接领域。事实上，中印的经济合作内容和范围都要广泛得多。2013 年李克强总理访问印度时，中方承诺采取措施应对贸易不平衡问题，包括开展药品监管（含注册）合作，加强中方企业和印信息产业的关系，完成农产品植物检疫磋商。而印方则欢迎中国企业赴印投资，参与印度基础设施建设，进一步加强两国企业间的工程承包合作。同时，双方还指示战略经济对话机制研究宏观经济政策协调问题，同意进一步加强在节能环保、新能源和可再生能源、高科技等领域的合作。双方同意加强铁路合作，包括重载运输和车站发展等。

2014 年以来双方在产业园区建设领域开展了合作，中国已经在印度设立了两个产业园区，这样就为中国企业在印度提供了集群式发展的平台。同时，双方商议加强两国金融监管机构之间的合作，促进两国金融机构之间的合作，为两国经贸合作项目提供融资支持。印度作为首批加入亚投行的国家，给"一带一路"的融资机制贡献了重要力量。此外，在人员往来方面，印度也在签证政策上做了很大的调整，便利了在印度进行商务考察和旅行的签证申请。同时，为促进跨边境的贸易、人员往来和互联互通，中方为印度香客赴中国西藏自治区神山圣湖朝圣提供了更多便利。

金砖国家的发展与未来

金砖国家：面向多极化和全球治理

Bali Ram Deepak

印度尼赫鲁大学中国和东南亚研究中心教授

我们目睹了世界从单极化走向双极化，而今步入多极化。美国的国力并没有下降；然而随着中国、印度等其他国家国力的不断提升，美国的影响力逐渐消减。多极化不仅体现在新兴经济体身上，也反映于由国家和非国家行为体组成的国际组织中。多元的多极化呼唤着结构性改变的出现。

大批学者试图找到这种结构性改变的最终答案。塞缪尔·亨廷顿（Samuel Huntington，1999:35）总结出了单一多极化结构的概念，即美国处于核心，其他国家在外交、经济和军事上为其提供支持。这一概念在美国入侵伊拉克和阿富汗、于利比亚强制实行"禁飞区"以及干涉叙利亚事务中得以明显地体现。但是长期而言，这种结构安排是不可持续的，利比亚和叙利亚危机也证实如此。继唐纳德·特朗普入驻白宫之后，美国与其盟国之间的分裂愈发凸显，特朗普重内轻外的理念表明，美国及其盟友是否能塑造未来的全球秩序是不确定的。理查德·哈斯（Richard Haass）（2008:44）认为答案是"非极性"，即数十个国家有能力"行使各自不同的权力"。乔瓦尼·格列维（Giovanni Grevi，2009:9）则表示世界正在日益"互极化"，意即"相互依存时代下的多极化"。他肯定了国家政权的核心地位，同时也认为非国家行为体可能会对全球体系带来严重打击。美国的"9·11"恐怖袭击和印度的"11·26"恐袭都反映出非国家行为体具备的能力及其灾难性后果。在全球相互依存的时代，无论答案归结为哪个概念，其都将落脚于多边主义。多边主义或多元多边主义并不一定是双边或多边问题的最终解药，但它对于解决冲突、增进各国间的了解与合作有着至关重要的意义，金砖国家恰是一个例证。金砖国家总体占世界经济的22%、占全球贸易的19%，对世界经济增长率的贡献超过50%。其中中国的GDP是其他4个成员GDP总值的5倍，对世界经济的贡献亦超过了33%。

一　福建厦门第九届金砖国家峰会

厦门是中国最早的经济特区之一，全市380万人，人均GDP超过1.3万美元，是"一带一路"建设中的"枢纽城市"之一。厦门和福州、泉州另两个枢纽城市加在一起，共为福建省的GDP贡献了2240至4000亿美元，习近平曾在此任职十八年。通过以上数据不难理解厦门身兼"中国试点自由贸易区"、"两岸新兴产业和现代服务业合作示范区"、东南亚国际航运中心、海峡两岸区域金融服务中心和贸易中心多个职能。最近，福建省率先宣布了由中国－东盟海洋合作基金资助的三大重要项目：中国－东盟海洋产品交易所、中国－东盟海事大学和中国－东盟海洋合作中心。2016年，福建全省进出口贸易总额达679亿元，占全省对外贸易总额的6.6%。那么本届峰会可能的主题会有哪些，福建省又希望从中取得哪些收益呢？

二　潜在的议题

（一）全球化与逆全球化

以美国为首的西方国家的政策收紧、西方国家相互间的分裂、众多国家对于英国退欧后欧盟的衰败和经济衰退的推测，以及难民危机等问题，逐渐迫使这些国家走向保护主义。这种势头是十分强大的，美国已因此退出巴黎气候变化协议。与之相反的是，包括许多发展中国家在内的金砖国家一直致力于推进该地区乃至更大范围的全球化和互联互通。金砖国家仍然致力于履行巴黎气候变化协议并推行多边主义。

在这种情况下，金砖国家面临着新的发展机遇，但同时也担负着更大的责任。在厦门第九届金砖国家峰会期间，金砖国家可能会大力宣扬全球化，并反对西方国家的逆全球化或保护主义倾向。中国提出"一带一路"倡议（BRI）旨在促进区域和全球增长，它仍是 21 世纪最为庞大的互联互通项目。然而由于金砖国家部分成员之间就一带一路走廊的建设还存有不同看法，金砖国家不一定会全心支持一带一路倡议；但同时，金砖国家可能也不反对在相互磋商后就确定的某些项目展开合作。

（二）南南合作

显而易见，发展中国家极力想摆脱掉屈从于西方工业经济体的角色，并在彼此间建立起以尊重、平等、共赢为基础的更牢固的经济和政治关系。金砖国家合作机制、金砖国家新开发银行（NDB）和应急储备基金等附属机构的成立，正朝着这个方向发展。中国"一带一路"的联动发展倡议似乎正是提供了这种理念下的合作模式，即减少利益的单向榨取、增进彼此的共同发展。这也是为什么中国"一带一路"倡议已吸引 70 多个国家的加入，尽管金砖国家中的一些小国对该互联互通倡议的最终目标有所疑虑。然而，金砖国家尤其是中国，在南南融资流动方面发挥的重要作用已是不争的事实；目前，中国政策性银行的出资比世界上任何其他银行都要多。正是合作带来了外商直接投资、贸易、技术转让，尤其是在矿产、能源和基础设施等行业。因此，南南合作将成为本届峰会的主题之一。引进金砖国家来华投资并推进企业向金砖国家"走出去"将成为中国，特别是福建的关注焦点。预计金砖国家新开发银行今年将为此类合作发放 25 亿美元的贷款。

另外，尽管巴西拥有庞大的商品市场，非洲和俄罗斯自然资源丰富，印度是最大的农业经济体，而中国是最大的商品和生产出口国，金砖国家内部之间的贸易量却仍然低得可怜。2015 年，该数值约为 2500 亿美元。尽管印度总理莫迪呼吁贸易量在 2020 年翻番，但如果没有协调统一的发展策略，这个目标将很难达到。

所有成员都必须认识到，除非对接好彼此的国家发展战略，并且唯有对接一致后，各国国内的发展驱动力才会增强。因此，与各国包括国内外范围的互联互通项目做好对接，势必将提高金砖国家内部或更大范围在各项目上的参与程度，从而推动贸易投资、金融、旅游以及人文交流的全面发展。从长远来看，这也可以提高区域间和区域内互联互通，深化本区域或跨区域经济一体化发展。

最后，吸收更多国家或至少允许南南合作范围内国家加入金砖国家机制似乎是合理的，但目前金砖国家的普遍感觉是，成员的增加将使得金砖国家难以确立首要目标并相应分配资源。

（三）全球治理

全球经济和政治结构的模式转变也导致了全球治理体系的结构性调整。二十国集团已证实，发达国家和发展中国家可以共列一席研讨，而金砖国家、上海合作组织、金砖国家新开发银行、亚洲基础设施投资银行、丝路基金等各种新机制的诞生也表明，新兴经济体有能力重塑或者愿意用新的治理机制去补充现有的治理机制。印度和中国作为这其中许多机制的创始国，在搭建发达国家与发展中国家的沟通桥梁上发挥着主导作用，并且为全球经济增添了大笔财富。

随着中国在领导并创立上述机构之后信心不断提升，第九届金砖国家峰会上有可能将再创建一个新机构，即考虑建立独立评级机构。在印度果阿第八届峰会中已商定，将建立一个独立的金砖国家评级机构，基于公平和平等原则转变全球金融架构。各成员相信，占据了90%评级市场的西方领先评级机构，如标普、惠誉、穆迪等，对发展中国家存在偏见。例如，2017年5月，穆迪下调中国主权信用评级，并称随着潜在的经济增长放缓，经济层面的债务水平将继续上升（PTI 2017）。印度和中国当时都抨击穆迪的评级基于"不恰当的方法"。

也有人认为，新开发银行和亚投行等机构的建立，都对二战后的全球秩序提出了挑战。然而事实是，正是布雷顿森林体系在2008~2009年金融危机之后一直处于不稳定状态才催生了这些机构，还包括欧元危机，并以此警示：如果国际货币基金组织、世界银行和亚洲开发银行等机构在发展援助和贷款时继续附以苛刻条件，将严重呼唤其他替代机构的出现。这些机构的建立将促进地区的基础设施建设和社会经济发展，特别是在全球经济复苏乏力的时候。即使亚投行不对现有的金融机构造成威胁，它也被公认为是对现有秩序的良好补充。

（四）打击恐怖主义

金砖国家继续致力于打击一切形式的恐怖主义，并认为有必要在情报共享、能力建设和保护延伸至国外的反恐利益这三方面扩大务实合作。果阿第八届峰会期间就此成立了反恐工作组，并召开了第一次会议。工作组同意进一步扩大反恐合作，包括切断恐怖分子获取融资以及武器、弹药等装备的一切渠道。第二次会议于 2017 年 5 月 17 日在北京举行，会上围绕影响该地区内外的问题进行了广泛讨论。印度继续敦促金砖国家，努力推进联合国通过《关于国际恐怖主义的全面公约》，并剔除所谓"好的"、"坏的"恐怖分子这一误导区分。

（五）对抗全球变暖

在唐纳德·特朗普总统带领美国退出《巴黎气候协定》等多边协议的同时，金砖国家则不断强调其对巴黎协定的承诺，继续为对抗全球变暖而实行减排。30 亿的人口总量和 16 万亿美元的 GDP 会对全球排放量产生巨大影响，这是一个不争的事实；然而，金砖国家不是可以联合研发新能源技术吗？俄罗斯、巴西等金砖国家已表达出不希望被简单认定为自然资源出口国的想法。

（六）人文交流

人民之间的交流是双边和多边交流中的支柱。唯有一个国家的文化资本才能吸引到其他国家的人民，并奠定各国人民间相互了解的基石。关于金砖国家之间的人文交流，我认为不应满足于现有的文化节、媒体、电影等多种互动，以及金砖国家奖学金等多个项目，金砖国家文化交流的发展空间是巨大的。建立金砖国家大学联盟是一个很好的尝试。有必要对这些合作机制予以固化，并在各个层面建立起更多的合作机制。

三　印度和中国还可以做何贡献？

第一，两国对全球治理机制可以发挥的经济、政治影响力取决于其国内的发展驱动力。因此，两国对二十国集团或其他新机制所能做出的最大贡献就是维持国内强劲增长并维护区域稳定与和平。因此，新兴经济体才得以向现行的全球治理机制投入数十亿美元，推动其改革，并争取更多的发言权。

第二，国内的强劲驱动力使新兴经济体得以对全球治理相关想法予以支持，例如 2014 年二十国集团布里斯班峰会和世界银行提出的全球基础设施枢纽和全球基础设施基金等。习近平主席已通过"一带一路"倡议、亚投行、丝路基金等机制对这些举措予以支持。

第三，鉴于印度和中国均已开展一系列目标雄伟的互联互通项目，通过磋商协调不仅可以实现邦省级别的合作，还可以上升至国家层面，因此两国国内的经济发展可以有多种增长刺激手段。例如，莫迪总理重点推出的"Sagarmala 国家视角计划"，旨在建设现代化港口，并将其与经济特区、港口智能城市、工业园区、仓库、物流园区融为一体，这样的运输走廊则可以和中国"一带一路"倡议相连通，尽管印度对中国的"巴基斯坦经济走廊"所涉主权问题表示强烈不满。就区域连通而言，印度的"Bharatmala"项目计划通过铁路和公路网络连接国内整条喜马拉雅地震带，并可与中国在西北和西南地区的计划进行对接。在印度东部，孟中印缅经济走廊可能彻底经由陆地的互联互通情况，不仅促进国内增长，更能促进东盟地区的发展。同样，印中两国可以考虑连接公路、铁路和油气管道网络，建立一条贯穿中国西北部和印度北部的大型经济走廊。毋庸置疑，想要实现这些项目，两国都需要以全面、长远的视角看待双边关系以及从大西洋到太平洋的全球局势的转变。如果印度和中国无法共处，金砖国家将不复存在。他们能否将各自政策与千年发展目标和可持续性发展相协调，从而为其他金砖国家提供榜样呢？

第四，为推动全球治理结构的转型，印中两国都需要成为对方发展过程中的合作伙伴。双边安全和商业环境已经发生积极变化，两国之间待开发的潜在合作空间还有很大。为充分发挥潜力，两国都应当推出创新型发展规划和政策，并在税收、投资、金融、劳动等领域开展结构性改革。同时，要确保宏观经济政策与社会政策保持同步，以保障社会稳定且平稳接受政府的规划。

　　总而言之，尽管全球治理格局的重大转变使得印度和中国在不断发展的全球生态系统中行使了更大的发言权和责任，但与发达国家相比，其权力和经济结构仍然存在巨大的不对称性。与其挑战现有制度，两国不如做好发展策略的对接，等待机遇、推动创新，构建新制度并成为发展过程中的合作伙伴。相邻的两个大国间存在分歧是很正常的，况且这些分歧可以在全局视角下得到缓解。因此，两国应当继续推动高层互访和人文交流。

参考文献

Ariel Cohen, Lisa Curtis, Derek Scissors, and Ray Walser (2010), "Busting the Brazil/Russia/India/China (BRIC) Myth of Challenging U. S. Global Leadership" The Heritage Foundation, paper no. 2869, April 10, 2010 http：//report. heritage. org/wm2869 (Feb 28, 2011)

Council on Foreign Relations (2010) . BRIC Summit Joint Statement, April 2010, http：//www. cfr. org/brazil/bric – summit – joint – statement – april – 2010/p21927 (February 15, 2011)

DominicWilson and Roopa Purushothaman (2003) . "Dreaming with BRICs：The Path to 2050" Goldman Sachs Global Economics Paper No. 99, http：//www2. goldmansachs. com/ideas/brics/book/99 – dreaming. pdf

Giovanni Grevi (2009) . "The Interpolar World：A New Scenario", *Occasional Paper 79*, Paris：EU Institute for Security Studies, June 2009, p. 9.

Jim O'Neil (2001) . "Building Better Global Economic BRIC" Goldman Sachs Global Economics Paper No. 66http：//www2. goldmansachs. com/ideas/brics/building – better – doc. pdf

PTI [Press Trust of India] (2017) . "Moody's cuts China's rating on debt concerns. " *The Hindu*, May 24, 2017

Richard N. Haass (208) . "The Age of Nonpolarity：What Will Follow US Dominance", *Foreign Affairs*, vol. 87：3

Samuel P. Huntington (1999) "The Lonely Superpower", *Foreign Affairs*, vol. 78：2, pp. 35 – 49.

Thomas Renard (2009) "A Brick in the World：Emerging powers, Europe and the world order", Egmont Paper, The Royal Institute for International Relations, Brussels.

金砖国家：全球治理引人注目令人信服的可行选择

Tony Karbo
南非冲突解决中心执行董事

巴西、俄罗斯、印度、中国和南非伙伴关系协会是高盛的智慧产物，高盛是创造了这个术语的投资公司。起初，该协会被视为世纪之交时世界上最具活力的四大经济体（新兴经济体）的聚首。作为非洲最重要的经济体，南非的发展使其能够轻易进入在特定领域（经济、发展）有着共同利益的松散国家集团。曾经在纽约联合国大会期间召开的非正式会议迅速成长为全球发展的多边替代力量。一个公认的事实是，巴西、俄罗斯、印度、中国和南非（金砖国家）构成的平台代表了21世纪全球治理方面最重要的发展之一。该集团汇聚了新时期发展中国家的重要新兴力量，每个国家在南美洲、南亚、欧亚大陆和非洲都是重要的区域力量。

在很短的时间内，金砖国家平台就凝聚起全球对话中的战略性力量，参与重大国际决策，在主要全球重要事务谈判中发挥关键作用。当原有西方世界体系面临变革压力时，金砖国家在国际伙伴关系中各自提高了本国经济和政治地位，同时这些国家希望能够改变世界体系，使之能够反映世界力量、文化、经济和社会的多样性，这一共同的愿望将金砖各国联系在一起。为此，各国都制定了改革计划，也有决心团结一致，以期迎来更加公平公正的世界体系。此外，金砖五国的GDP总量约占全球的25%，总人口数量占世界人口的40%有余，遍布五大洲，这些都有利于推进世界体系的改革。

自 20 世纪 60 年代以来，联合国一直在讨论如何解决全球经济不平等的问题，随着冷战结束和 21 世纪的到来，全球权力分配开始转变，新的权力分配让人们意识到，新时期的发展中国家如果可以结成一个更加广泛的联盟，将有利于解决这一问题。值得讨论的是，金砖国家的力量是否足以影响全球事务，包括联合国安理会和其他全球机构（世贸组织、国际货币基金组织、世界银行）的决定？

在 21 世纪的第二个十年，要解决金砖国家有关的问题，需要回答以下疑问。

·金砖国家是一个国家共同体，还是成员之间的一个联结集团？

·进入该联盟的标准是什么？

·这些标准现今是否仍然适用？

·该联盟是否有扩大的可能性？如果有，如何引进新成员？

·金砖国家人民的发展需要得到解决了吗？换言之，金砖国家公民是该联盟发展进程的一部分吗？

·金砖国家发展进程是怎样的？

摆在面前的现实是，尽管金砖国家的声明暗示出更广泛的概念和切实的理解，但实际上其参与形式仍偏向更传统的联盟缔结形式，相比转型，更注重各国间利益协调。

虽然从联合国大会外交部部长间的非正式会议到国家首脑间会议的转变很快，但更实质性的合作和政策一体化的建设则是逐步进行的。在经济合作、学术和知识合作（此次智库峰会就是个例子）以及金融和银行业领域已有积极的发展。金砖国家建立了广泛的交流网络，以期就重要问题达成共识，并鼓励各国首脑将这些问题纳入二十国集团峰会和联合国这样更大的全球论坛中。此举明显不同于欧美发达国家引领的从上到下的传统多边合作方式。

一 金砖国家之间的相互协调：我们指的是什么？

协调一词常被泛用，对不同的人来说意义也不同，因此，评估本文中所提到的协调一词，首先要采用该词的执行层面作为框架。协调这一词至少有三层紧密相关但略有不同的意义需要考虑。第一层是援助协调，即成员国家政府及其外部伙伴同意的既定机制和管理办法，其目的是在国家和部门层面最大限度地提高外部援助促进发展的效力。

第二层是援助协调的一个子集，即伙伴之间商定的关于在发展进程中提高效力的具体机制和安排。最后，第三层为发展协调，指在发展伙伴共同体内部和之间商定的具体机制和安排，旨在提高它们在发展进程中作为伙伴的效力。最后一层意思与金砖国家关系最为紧密，因此本文将对其进行重点阐述。

近几年，发展协调和部门协调的重要性受到了广泛关注，并且对2016年的金砖国家峰会有重大影响，原因是两者都超越了单纯的援助或捐助者协调。大体而言，金砖国家需要认识到，只有将在协调上做出的努力有效纳入国家发展规划、治理结构和系统中，才能在这方面获得显著改善。准确地说，实现有效协调金砖国家合作议程的目标必须纳入金砖国家的国家治理结构。这意味着，金砖国家政府必须在政策制定和执行方面发挥更大的主导作用，辅之以资源管理战略机制及政府与发展伙伴共同体之间的互动；这种情况下，发展伙伴共同体即金砖国家。

五年前，巴西、俄罗斯、印度、中国和南非（BRICS）以惊人的速度迅速缩小与发达国家的差距。BRICS这一流行缩略词代表着崛起的力量，至少在2015年前，BRICS都是全球经济和政治关系转变的代名词。然而，近两年三个金砖国家成员（巴西、俄罗斯和南非）受大环境政治和经济状况的影响，发展有所倒退。巴西现任总统遭到弹劾；俄罗斯面临着西方严酷的经济制裁，至少与两个国家开战——叙利亚及乌克兰；南非正在经历国内腐败丑闻、现任总统商业伙伴对政府的控制，以及经济衰退的多重打击。中国和印度的发展步伐仍在前进，但速度缓慢，远不及15年前超过10%的速度。此外，还受到其他一些阻碍，包括社会发展极端不平等和腐败猖獗所造成的政治及社会动荡，由于基础设施不足，而跟不上近年来迅速的经济增长。进一步的障碍还包括大量的环境问题和众多人口为劳动力市场、教育和社会福利体系带来的压力。

可见，维持经济增长并不能保证社会平等和环境可持续性的实现。事实上，饱受区域及社会差距困扰的金砖国家，其社会不平等和环境不可持续的问题未来很可能进一步恶化。经验表明，只有在经济发展的合适阶段做出正确政策选择，才能促进和维持增长。必须做出的选择包括明确界定它们的身份（界定它们是谁）、它们的行事方式如何及共同目标将如何实现。目前看来，金砖国家会让人联想到非洲联盟（非盟），非盟每年召开两次会议来制定计划，但这些计划从来没有落地。只靠制定政策是无法取得成果的，必须采取行动来落实这些政策，而这些都需要金砖国家秘书处。执行也需要一定的框架约束，这就意味着要制定相关法律，只有受到法律的约束，协调才能真正有效地发挥作用。

这些挑战恰恰表明了发展遇到的巨大障碍。我们所知的自由经济体都会经历繁荣和萧条的波动，金砖国家要想应对这些挑战，需要明确定义自己的身份以及结盟的目的。

二 一体化的演变与路径

如前文所述，每个金砖成员对各自国家利益的维护是这种松散式联盟的最大威胁。金砖国家的演变可分为四个不同的阶段或时代。第一个时代为形成期（2006~2008）。这一时期的标志是，除了参与每年一次的联合国大会正式议程，四国（巴西、俄罗斯、印度和中国）开始在部长层面举行非正式会议，探索更多可能性及合作领域。2009年，四个国家（金砖四国）在俄罗斯举行会议，建立了金砖四国联盟。各国都承担着重大的风险来推进自己的议程。

第二个时代是扩张期（2009~2011）。开始深入探讨关于经济合作的议题，南非这个非洲大陆上最大的经济体也被邀请加入联盟。此时这个松散的集体成员遍布四大洲，各自在国际关系和外交上有不同的战略利益。例如，南非同中国有重大的能源相关利益，印度也许更愿意吸引中国投资，以创造就业机会，促进经济增长，缓解气候变化的压力。成员分散在四大洲，因此以协调的方式处理各自利益分歧变得十分困难。

第三个时代是制度化完成期（2013~2016）。这个时代标志着各种结构的建立，包括新开发银行（NDB）和应急储备安排（CRA）。除其他传统的国家资源调集机制外，NDB和CRA作为替代性金融机构，也将协助各成员吸收发展需要。金砖国家商务委员会（BBC）和信息共享平台在 2013 年建立起来，涵盖教育、文化和环境参与三方面内容，金砖国家通过此举向世界表明其严肃态度，打算提升联盟在全球范围内的影响力。新开发银行（NDB）被视为世界银行和货币基金组织的替代机构，最初资本投入为 500 亿美元，应急储备安排达到 1000 亿美元。

第四个时代是转型和再挂钩期。面对全球化日益严重的后坐力、欧洲高涨的民族主义情绪以及唐纳德·特朗普当选美国总统，国际社会被迫重新考虑全球治理问题，审视全球化的其他可行办法。此时在全球舞台上日益瞩目的金砖国家必须迅速适应新的国际现实。因此，撰写本文时，当前最紧急的呼吁是寻求更务实的办法处理全球问题，如气候变化、移民、能源危机、跨国犯罪等。经济合作的最初目标迅速转变为同中国一道带头在全球问题中发挥领导作用。

金砖成员分布在四大洲。地理位置决定了建立统一战略安全联盟的希望是渺茫的。很难想象俄罗斯和印度与中国建立安全伙伴关系；这三个国家是核大国，其中两个国家（俄罗斯和中国）是联合国安理会常任理事国。中国将金砖联盟视为南南合作的渠道，而南南合作将促进全球和平与安全。如果中国继续主导金砖联盟，金砖国家无疑将在全球治理中发挥关键作用。

三　发展的可选解决方案

许多人将金砖国家联盟视为应对全球发展挑战的可选解决方案。该联盟建立旨在促进参与，包括组织年度政府首脑峰会。Thakar 等学者指出，金砖国家作为一个集团，最初联结的纽带是共同的价值观或经济利益，而不是政治谈判。Thakar 认为，因为五个金砖国家都与西方世界主要发达国家有具体深入的联系，这种联结的基础带来根本性的问题。金砖国家在国际体系中的重要性将通过成员各自和集体对国际政治体系的影响来衡量。换言之，金砖国家的相关性不仅取决于单个成员的发展情况，还取决于在全球对话和决策中，它们能多大程度单独和集体地代表广大发展中国家的利益、世界观和政策重点。在身份和方向方面，可以说，金砖国家仍然是一个基于主权和不干涉另一主权国家内政原则的国家共同体。这一联盟是传统自上而下的伙伴关系的替代方案，与金砖国家的开放、团结、平等、相互理解、包容和互利合作原则相融合。

四 深化合作的策略

要想逐步发展金砖国家，使其作为国际力量促进南南合作，所采取的战略有两大主要支柱，包括：在侧重于经济和政治治理的多边论坛中进行协调，以及成员之间的合作。

金砖国家各成员不断加深在金融、农业、贸易、跨国犯罪、教育和卫生等领域的合作。其中，金融领域作为新的合作前沿受到特别关注。在第六次峰会上，金砖国家成立了新开发银行（金砖银行），旨在为金砖国家和其他发展中国家的基础设施和可持续发展项目提供融资。金砖银行的启动资金为 500 亿美元。同样，金砖国家通过了建立应急储备安排（CRA）的协议，该基金初始投资总额达 1000 亿美元，可用于防止短期流动性短缺。CRA 的目标之一是通过为金砖国家提供一道额外防线，为国际金融稳定做出贡献。新开发银行和 CRA 的建立传递出金砖成员在经济金融领域深化和巩固伙伴关系的强烈意愿。

深化对社会包容和可持续发展的关注突出了各成员实施的政策以及金砖四国经济增长对减贫的贡献。制定包容性增长和可持续发展方面的社会政策，来解决紧迫的社会问题，这不仅关乎金砖国家成员，也是全球性的挑战。金砖国家在制定《2030 年议程》（可持续发展目标）时发挥了关键作用。

金砖国家议程被定向设计为南南合作议程。因此，新开发银行（NDB）的建立被描绘为对这一进程最生动的展示。新开发银行可以实现双重目标，它既是金砖国家的财政机制，也是协调与其他发展中国家的合作以资助其发展项目的工具。

五 金砖国家面临的挑战

在深陷政治和经济丑闻之前，在金砖国家合作中，巴西在关键政策执行方面最有前景。作为南美最大的经济体，巴西准备在区域发展中发挥战略作用。然而，基础设施不足和高度的不平等阻碍了巴西腾飞的前景。近年来为解决社会不平等进行的改革是朝正确方向做出的积极探索。

俄罗斯本应是金砖国家最活跃的经济体之一，却因卷入与乌克兰和叙利亚的冲突，受到欧盟和美国制裁，经济几乎停滞不前。尽管国际社会谴责俄罗斯在这些主权国家的活动，面对俄罗斯这些举动，金砖国家的态度是很矛盾的。俄罗斯在国际层面的战略利益与中国和其他金砖国家的战略利益有冲突。要想在国际舞台施展影响力，金砖国家必须统一战略利益。

印度是金砖国家中最不平等的国家之一。如果能积极解决严重的社会不平等问题，改善基础设施，也仅能支撑预期的增长。印度的教育和医疗系统需要实现现代化，并在政策制定和执行方面形成良好的战略能力。与其他金砖国家相比，这一点对印度来说更为重要。

中国是金砖国家中最大的经济体，人口结构最多样化，最有领导联盟战略政策的制定和实施的潜力，这些政策将大大促进金砖国家在全球气候变化、移民、实现可持续发展目标和全球贸易等国际问题上发挥领导作用。同时，中国具有最稳定的政治和经济体系，但与其他金砖成员一样，严重的不平等问题使该体系面临巨大风险。然而，随着在国家管理和经济体系方面的表现趋于一致，中国终将找到健全的长期解决办法来更好地应对上述问题。

最近在南非发生的事件不仅对金砖国家联盟构成巨大威胁，也对南非在南部非洲和非洲大陆的区域作用构成了威胁。虽然南非在政策制定和执行方面具有机构能力，但执政党分裂和明显的经济衰退使人对该国自1994年种族隔离结束以来取得的成果产生疑问。南非政府需要对有效的部际协调、政策执行和传播政策进行大力改进。

金砖国家如今面临的最大挑战是五个国家都存在的不平等和社会排斥问题。金砖国家的经济不平等现象正在加剧。南非是非洲经济发展最不平等的国家，大多数黑人生活条件艰苦，没有正式工作。除了新开发银行和应急储备安排，金砖国家合作框架在缩小金砖国家不平等差距方面尚没有有效或实质性的成果。

第二个或许更为紧迫的挑战是金砖国家如何管理多重多边成员身

份。五个成员都在二十国集团和 77 国集团全球治理框架范围内。如果采用更大的全球治理框架来促进战略利益，金砖国家的利益将得到更好的保障。例如，对金砖国家更有帮助、更具代表性的组织框架是二十国集团。利用金砖国家与二十国集团竞争全球主导地位无法实现预期目标。

金砖国家领导人之间的对话似乎有所改善。在提出解决政策之前必须就重要问题进行对话。金砖国家领导人必须克服推进己方利益的心态，应努力支持成员的集体利益。对话在部长层面更有实际意义。代表们可以提前选定会议要讨论的议程及政策。但这些可能只是建议或忠告，而不是正式的政策调整。

作为发展中国家的另类声音，金砖国家可以形成一个为世界上较贫穷国家发声的联盟。但这是不是解决发展中国家问题的灵丹妙药？金砖国家应该考虑将自己视为一个实体，在世界银行、国际货币基金组织和世界贸易组织等世界性组织未能提供解决方案的情况下，向较贫穷国家提供救助。

六　建议

多年来，金砖国家制定了多项精准战略，解决每个成员发展中遇到的问题。总体来说，这些策略的结果充其量是好坏参半。这不足为奇，因为各国经济、政治和其他方面存在相当大的差距。中国作为金砖国家的最大经济体，其经济增长维持了 10% 的速度，其他成员则各不相同。印度是个例外，与中国相似的是，印度在过去十年左右，保持了相对稳定的增长模式，俄罗斯、巴西和南非则没那么幸运。由于俄罗斯同乌克兰发生冲突，欧盟和美国对其实施经济制裁，阻碍了其数年的经济增长。巴西不仅遭到低经济产出的冲击，还深陷政治丑闻泥淖，致使总统被弹劾，其继任者也面临着弹劾呼吁的威胁。这并不是市场表现和经济增长的好兆头。

南非也在经历同样的遭遇，现任总统面临辞职压力，因为一些学者声称总统亲近的商业伙伴导致了"国家俘获"。最近，南非正式陷入经济衰退。五个金砖成员中，三个国家都在经济和政治的困境中挣扎，因此很难将该联盟视为一个准备好迎接 21 世纪全球挑战的组织。

金砖国家的一项基本价值是，建立一个更加平等公正的世界的共同愿望。在该集团通过南南合作实现发展中国家和平、安全和发展的愿望中，这一价值更加突出。合作框架是通过更多彼此间及与发展中国家的互动来促进经济增长。

具体来说，金砖国家应当采取以下措施。

·建立一系列具有健全法律框架和基础设施的机构，保证私立合同效力，充分保护财产权。提高机构质量的一个重要步骤是建立企业管理制度，确保不受政府干预。

·金砖国家可以促进融资渠道多元化，摆脱对银行的过度依赖，使其金融体系更加平衡，并向前发展。经济合作与发展组织指出，高度依赖银行贷款会减缓经济增长，扩大不平等。设立新开发银行是朝该方向迈出的积极步伐。

·金砖国家的收入不平等现象有所上升，而包容性增长可以减少不平等和加强社会凝聚力。金砖国家应该建立社会安全政策，使其成为获得新开发银行贷款的条件。

·制定政策时要考虑繁荣的多层面性质以及如何在人民中分配各种福利成果。必须在社会群体之间，更加平均地分享经济增长和全球化的成果。

·让民众更加广泛地参与政治和经济方面的决议，尤其是那些参与度较低的群体，来确保听取所有层面民众的意见。

·协调金砖国家的战略规划能力，以加强机构能力，促进金砖国家之间发展合作。改善金砖国家的部际协调和政策导向功能。这一点在社会财政和工业政策方面尤为重要。

·让民间社会团体参与政策设计和执行，可持续治理机构必须体现金砖国家公民的包容性，这包括让民间社会团体更多地参与其中，民间社会具有积极对抗不平等、社会排斥和贫穷的潜力。

·调和教育领域和劳动力市场政策。

·金砖国家应促进贸易领域，特别是商品和服务领域的进一步合作，以此强化伙伴关系，共同推进经济发展和工业化的步伐。还应进一步讨论彼此间执行优惠贸易协定的可行性。此外，金砖国家新开发银行于 2016 年成立，金砖国家应建立审议机制，对工业化和基础设施贷款最不发达的国家单独优惠对待。

·承认其共同目标是实行全球治理机构渐进的民主改革，以此为基础，金砖国家应努力提高多边论坛中新兴经济体和发展中国家的发言权和代表权。此外还应积极探索促进可持续和公平发展的创新与互补伙伴关系。

·在和平与安全方面，金砖国家尚不能建立一个可行的和平与安全架构，来处理个人和集体安全问题。因此，联合国作为负责维护全球和平与安全的合法中央国际机构，应继续得到金砖国家的支持。联合国是唯一有足够公信力、基础设施且受国际社会成员信赖的全球机构。中国和俄罗斯应利用其在安全理事会的影响力，增强对联合国维持和平行动部（UNDPKO）和联合国建设和平基金（UNPBF）的支持。当代全球问题如核扩散、难民、移民、气候变化、人口贩卖和贩毒，只能由联合国这种世界性组织来解决。金砖国家应大力支持联合国在这些问题上的努力。

·金砖国家应通过各种促进教育、研究和技能发展的机构、网络和项目，进一步支持学术上和学者间的合作。金砖国家智库应进行联合研究，以推进金砖国家在科学研究和技术转移领域的合作目标。

·提高就业数量和质量，解决劳动力市场不稳定和分割的问题。政策改革应旨在创造优质就业机会，同时整合劳动力中代表性不足的特定社会人口群体，最明显的是青年和妇女，并确保劳动力中一定的老年人比例。金砖国家必须最大限度降低弱势青年的风险——例如既不受雇也没有接受教育或培训的早期辍学者。

关于金砖国家战略对接的政策建议

Renato Galvão Flôres

巴西智库瓦加斯基金会董事

一 引言

以下建议主要针对协调对接金砖国家之间的发展战略等方面。我们认为当下已经到了让金砖国家发挥更有效、更实质性作用的时候了。如果不加强战略对接，协同做好诸如论坛上提出的相关主题工作，金砖国家目前所呈现的这种无足轻重、手无实权的状态将持续下去。事实上，自从在国际舞台上大放异彩之后，尽管近期取得了诸如成立金砖国家新发展银行（New Development Bank）等成就，但伴随着整个国际形势的快速变动和难以预估的动荡不安，金砖国家似乎已失去发展动力和目标。

需要一个新的推动力。

现有的一些计划的确具有前瞻性，并且其中一些项目正在进行中，而我们所有想法的出发点是理想主义的：不仅假设五个成员均有积极的意愿，还假定在执行过程中也不会遇到大的障碍。这也强调了要更多关注金砖国家的现实行动，不仅要避免笼统论述的辞令，也要避免想解决当今世界上所有问题的虚幻愿望。

尽管如此，金砖国家的集中行动不仅仅需要处理一些主题明确的具体工作。以下建议可分为两个类别：一类是针对一般性问题，负责解决某些具体问题；另一类则针对一些特征鲜明的行业，需要实施特定的项目并采取针对性措施。两者都不言而喻地需要所有成员的集中关注和明智的协同努力。

本文的论述结构如下：首先对合作与协同的不同优点进行初步探讨，尤其是协同的现实意义，随后分别介绍针对上述两个类别的建议，最后总结论点。

二 初步评述：合作 vs 协同

在几乎所有金砖国家的论坛和辩论中，都可以清楚看到人们对于合作和协同这两个概念的混淆。前者虽然有其独特优点，但在一定程度上却更容易实现，而且并不一定需要"金砖国家"这个机制的存在。特别是在双边框架内进行合作时，尽管这些合作可能会间接地加强整体的内部关系，但实际上却缺乏金砖国家机制的特色。

在没有具体实际的"金砖国家成就"的情况下，许多研究者和决策者提出了一系列的双边倡议，包括很多不同成员之间的搭配合作，间接展示了该机制稳固群体的特质。

诚然，拥有大量重要双边关系的环境有利于所有相关国家投入更广泛更全面的努力。然而，这种影响是次要的、间接的，而且并不能切实证明是金砖国家机制在背后推动着多边倡议。

协同则更加微妙，且较难实现。因其要求的是集体的核心本质，且可以有效地反映出该本质，即便对于宽松且几乎没有制度化的金砖国家机制亦是如此。合作与协同，两者的起源和运作方式大相径庭，将两者混淆不是一件好事。

协同是集体论证和计划的结果，旨在利用所有成员的资产组合的独特协同作用，以引发具体变化或获得新的共同立场（这些资产包括软资产和硬资产，精神上的或声誉方面的资产或者实质性的资产）。协同的工作方式可以涉及在全球战略中进行同步的外交努力，可能要求或不要求具体成员采取个别措施。

目前，金砖国家在其影响力或一贯的宣传工作上花费了大量时间和精力，也在合作领域的确认上耗费了很多，但对于协同策略的关注却不够。

就以今年轮值主席国的政策为例，可能有助于大家理解这两个概念之间的细微差别。

自 2013 年习近平总书记提出"一带一路"这一意义深远的倡议以来，中国一直在大力推进。"一带一路"倡议将带来各种各样的工作任务、联合项目和合作活动；而中国作为发起人和合作伙伴，在其中担任主要角色（王灵桂、赵江林，2017）。

尽管如此，"一带一路"倡议也提到，有时是含蓄地谈及，一带一路沿线国家及地区协同努力的必要性，以将其打造成为一个真正的、更强大的新丝绸之路。在一定程度上，协同是"一带一路"倡议的最终目标，它将为整个"一带一路"倡议提供更成熟的发展平台。

而这也是金砖国家必须追求的。

三　建议 1：一般性问题

国际金融体系（IFS）和外交事务领域是金砖国家的某种禁忌，大家都有意避免谈及与它们相关的问题，现在是时候直面这两头"巨鳄"了。

（一）金融

在中国的支持下，金砖国家资金上没有太大的问题，但相比之下，其在国际金融体系的程序和控制方面的影响极其微小，甚至接近于零。这种情况有其历史渊源，因为这五个成员要么受制于现行的金融体系，要么游离于体系边缘，从来都没有担任过决定性角色。

如今，中国的金融体系处在初级阶段，仍然比较薄弱；印度的发展更弱一些，尚缺乏一些重要的基本特征；俄罗斯仍然处在世界金融体系之外，主要采用间接方式与之互动，并寻求能够与体系相关部分接触的途径。至于巴西和南非，其不成功的宏观经济政策，使这两个国家尚处于体系的外围节点上，而其国内仍在努力维持稳定。

从广义上而言，五个成员的金融体系都是内向型的，在很多情况下，仍受制于国际金融体系。尽管中国一直在努力将人民币推向国际，但目前五个成员的货币均不是国际通用货币。

如果金砖国家想在国际金融体系上占有一席之地，必须要建立统一协调的阵营。

那么，金砖国家如何在此体系下培养存在感，并发展关联？对于这个问题，可以利用现有的差距，或弥补区域层面上的空白，设想出一系列措施。

何不创建一个金砖国家信用卡？

借鉴一带一路倡议中的信贷领域，东南亚有大量的金融空白市场，南美洲也是同样的情况，而我们的成员像是印度和俄罗斯，更是有很多待开发的市场。如果我们精心设计一种通用的信用卡，选择几家商业银行支持，这可以成为我们改变游戏规则、在国际金融体系中占据更有利地位的契机。

在颠覆性技术的鼓舞和支持下，体系的边缘地带已经新生出一些创新的替代产业，例如比特币革命、小微金融，以及新颖的信用结构。金砖国家在比特币上的立场是什么？我们如何能够从中获利，或从类似的创新中获利？

在基础设施和气候变化领域，在金砖国家新开发银行和亚投行的支持下，可以针对金砖国家设计新的金融工具。

此外，还可以设想很多其他的举措，让金砖国家在国际金融领域扩大影响，在此基础上，加上五个国家的总规模，就足以推向成功。

（二）外交政策

金砖国家的每个研讨会上都会频繁再现外交政策这一话题，但通常缺少一定的理论框架。在此，我们明确以下两个目标。

首先，我们不主张采用"金砖国家统一外交政策"，这在可预见的将来是不可能的。然而，有几点是金砖国家可能或必须要共同面对的问题。共同处理这些问题，将使我们在国际舞台上贯彻更加坚定的立场，以证明金砖国家在重大国际事务中是协同一致行事的，而不仅仅停留在辞令上。

上述提到的问题，或许会涉及且影响成员的政策，迄今为止一个重大突破是，每个国家都礼貌地回避了其他成员的冲突或棘手问题。这样的问题比比皆是，从克里米亚到印中边界，再到中国南海问题，甚至是对待非洲的共同政策。

当然，这个议程涉及面太广、解决起来也极为困难，但认真谨慎的处理将带来丰硕的回报。在全球性问题上，金砖国家如能够采取与它们的世界观和外交事务相类似的统一观点，将加强机制内的凝聚力、提升金砖国家形象并提高各成员的地位。

不过，金砖国家对于五个成员领土之外的问题是团结一致的，最有力的例证就是在中东问题上达成的一致立场。

其次，在国际组织中继续保持协同一致。

在这方面，我们曾在 IMF 配额问题上初步取得了重大成功，但紧接着，却遭遇僵局，即美国国会没有批准美国代表团的决定，再次拒绝为一项事关 IMF 份额改革的方案放行。这一事件影响了我们之后在国际组织事务上的态度，之前的冲劲如一缕青烟化为乌有，徒余一连串美好意愿。

尽管如此，在国际组织的事务上，我们必须不惜一切代价付出努力，因为这与我们的一项主要目标密切相关：以和平方式实现国际秩序的深刻变化。

四　建议2：针对具体领域

在国际发展议程中的多个领域和具体活动或任务中，以下是两个最具相关性的重要领域。

（一）基础设施

其实，提出这项建议让我们有点尴尬，因为无论是从德班的海滩到科帕卡巴纳海滩，还是从克里姆林宫到泰姬陵，或者在穿过紫禁城时，基础设施都是时下的流行语，是推动开发、助力发展的新的灵丹妙药。

尽管反反复复听到有关基础设施的话题，但没有人提到过发展基础设施的关键方面，即项目进度的合理安排、不同工程的间隔、开发和改造项目所需的充分规划，以及一些相关风险及其正确管理，等等。人们常常过度强调融资和相关实体，却往往忽视了工程和公共政策的制约。

因此，这些倡议通常变成个人的追求，在低协同效益和不良匹配的溢出效应下草草收场。

此外，发展中国家的基础设施建设本身已经产生了很多风险，例如漫无章法的公路建设、不断盖建空置的高楼，以及城市化进程中产生的新问题，诸如交通负担加重、城市能源负担过重以及污水处理系统压力过大。

解决以上问题，需要一条贯穿的主线引导金砖国家在这一领域的政策，即可持续发展。

最近，美国退出全球气候治理的舞台，这为我们带来了一个绝妙的机遇。各成员所开展的基础设施项目，都应逐步展现我们独有的可持续发展的印记，以此为契机，将金砖国家打造成为基础设施领域中的标杆。

五个成员可以成为制定可持续发展标准的先驱，而现有的影响力网络也将极大地推动这项事业的发展。具体来说，这个影响力网络包括了诸如金砖国家新开发银行和亚洲基础设施投资银行此类基金提供商、巴西国家社会经济发展银行（BNDES）此类强大的国家级赞助商、一带一路倡议此类意义深远的宏伟项目，以及非洲、南美和东南亚拟议的能源整合倡议，还有非常重要的一点，以上这些项目在各国周边领域的巨大影响力。

另一个事项是联合国可持续发展目标（SDGs），虽然这些目标本身太过宽泛，但可以针对与基础设施发展相关的所有活动和影响，提取小的目标，作为我们制定标准的指导框架。当然，也期待一切围绕这些目标与各种基础设施工程之间的交流。

这种态度和后续的相应措施也依赖于每个成员持有的能源，协调的最终目标是在金砖国家中实现尽可能清洁的能源配比。

（二）电磁频谱及其广泛应用

这个建议涉及现在的热门行业、商贸、家用电器等的不同方面，以上提到的这些都依赖于电磁波。首先从五个国家的主要电视通讯渠道说起。

俄罗斯和中国拥有重要的国际传播频道，如俄罗斯的"今天"电视台和中国权威的"CCTV"下面的一系列频道。而通过其现代化良好管理，巴西环球电视台（GLOBO）组织以及其他一两个稍小点的频道，也有一定的国际化地位，其中尤其值得注意的是巴西环球电视台，依赖于其全球知名的肥皂剧，成为电视内容的主要提供者。印度的情况跟巴西差不多，宝莱坞电影吸引了广泛的国际观众。虽然传播规模和范围较小，但南非的电视同样也播出有趣、重要的内容。

何不创建一个由五个成员统筹管理的金砖国家频道？

可以设立一个金砖国家新闻节目，重点关注五个国家的新闻和观点；而在信息栏目上，可以播放五个成员各自选定的节目；轮流播放巴西的肥皂剧和音乐、宝莱坞的电影、中国和俄罗斯的历史作品可以接续轮流播放。如果这个频道汇集各成员最具吸引力的资源，这一独特性质将确保全世界对其的关注兴趣，将为国家相连和文化交流创造一条通畅大道，并为金砖国家提供极为宝贵的增强软实力的工具。

其次主要围绕互联网治理，这个大权目前仍主要握在西方大国手中。在国际电信联盟（ITU）近期举办的一个多边电信论坛上，巴西、中国和俄罗斯共同提议，让 ITU 对互联网产生切实的治理权力（目前只是名义上的）。这一立场与欧美国家利益相冲突，因此受到后者的激烈反对，它们坚决支持维持现状。会议在僵持中结束，未做出具体决定。

在 ITU 上建立的统一阵营、后续采取的一系列行动，以及有关互联网治理的若干情况，对于塑造金砖国家团结强大的形象至关重要。

在更广泛的层面上，协同的目标应该是统筹网络空间政策，以保护金砖国家的共同空间，并提出一个安全、民主但务实的网络政策联合替代方案。

大约直到两三年前，中国、俄罗斯和巴西一度在这个问题上大致统一了政策，印度也有望紧随其后。不幸的是，这种融合后来失去了动力；各国距离再次拉大，而中国以更快的发展速度取得了新的进步。必须恢复这一思想，并且努力实现更宏大的目标，不仅仅局限于再次达成共识。网络空间几乎每个季度都会创造出新的用途，这些努力也必定会得到回报。

其中一个典范是云策略。凭借其简单的多用途技术，云的需求量正在日益扩大，可以在金砖国家的视角下开发一个云设备，并且对欧盟等重要合作伙伴开放。

即将实施的 G5 技术，将在工业生产、物联网和多样化数字技术方面带来重大变革，对此，除了要有大量资金用于更新电信基础设施之外，还需要对现有监管框架做出重大调整。这为金砖国家在采用和分享这一颠覆性新通信模式上的协同行动开辟了另一个具有挑战性的机遇。

诚然，在以上这些话题中，中国是最具前瞻性和积极性的成员，但其他成员也不容忽视。

五 结论

在过去至少五年中，人们一直在争论，如果没有创新和那么一丁点的勇气，金砖国家将逐渐失去其存在的意义（Flôres，2013）。最初那段惊喜和好奇的时光已经过去了。忘掉它奇闻轶事般的开端，打破有关区域一体化的常规思维，是金砖国家进入良性循环的先决条件，并将最终在国际关系世界中形成开创历史的全新身份（Flôres，2017）。

无论是在计划、行动、项目还是可见的措施中，坚决不能动摇的是协同行动。在不妨碍已经开展合作活动的情况下，有必要进一步加强并促成更多的协同政策。

前文已经概述了四项协同工作的相关建议。所有建议都表明，两个具体领域，即便是像外交政策这样较难捉摸的领域，都为这一不可避免的实践提供了机会。没有道理比这更简单明了；本文就一些宽泛的可能的策略进行了概述；那么接下来，就需要灵活地运用策略了。

但是，主要信息仍然很明确：金砖国家的特殊性，决定了其需要量身打造非传统的进程和项目；而这些发展和项目只有通过协同一致的行动才能行之有效，并且整个金砖国家生存和繁荣的能力和愿望，也将在同期得到有效验证。

参考文献

Flôres, R. G. , Jr. 2013. International Innovation and Daring: the BRICS. *Global Dialogue Review*, v. 1, n. 1. New Delhi.

Flôres, R. G. , Jr. 2017. BRICS: Approaches to A Dynamic Process, in *BRICS-Studies and Documents*, several authors. Brasília: Fundação Alexandre de Gusmão, Itamaraty.

Lei, W. and W. Liqiang, eds. 2017. *The Belt and Road towards Win-Win Cooperation*. China: Social Sciences Academic Press.

Linggui, W. and Z. Jianglin, eds. 2017. *The Belt and Road Initiative in the Global Context*. International Joint Study Report, No. 1. National Institute for Global Strategy, CASS. China: Social Sciences Academic Press.

将软实力、文化交流和跨文明对话作为国际合作发展的主要策略

Guseynova Innara Alyevna

莫斯科国立语言大学副校长

一 引言：理论评论

从史前时代到现在，人道主义的中心一直是人类——一个包含两方面的狭隘系统：肉体与精神。的确，这种模棱两可的统一应该在哲学和神学的概念中被加以分析，但在现代科学知识中，认知范式的发展不仅将人类作为一个矛盾的实体进行研究，而且还将其作为感性和理性的统一体进行研究（Kubryakova，2004；Schwartz - Frizel，2007；Nechayeva，2013）。通过一种复杂的可编程系统，这种方法以一种新形式发现了研究人类的视角，引起了认知失调（Festinger，2000）和认知冲突（Frygina，1980）。

我们认为（Nechayeva，2013）认知冲突是在人的认知系统中情感与理性之间的冲突所造成，这种认知系统是在对外界信息的感知和心理处理过程中产生的。相对于认知冲突而言，认知失调是人与外界事物发生心理冲突造成的结果。它还包含信息处理的几个阶段：情绪感知、智力评估以及需要语言（无论是母语或外语）表达的结果分析。

在认知失调和认知冲突的基础上，存在着一种基本情绪即恐惧。换言之，任何与新的和未知事物的冲突都意味着其可能正在感受着精神体验，例如，可怕的和令人恐惧的感受。每个人都需要或多或少的时间来克服恐惧。丰富的文化背景和对外来文化独特性的了解有助于克服恐

惧。然而，缺乏这样的知识使克服恐惧和重获自控力变得更加困难。

在这种情况下，有必要制定策略来帮助克服认知失调和认知冲突。

二　国际合作发展的主要策略

（一）软实力策略

当代策略之一就是软实力策略。该策略贯穿于整个机构的沟通中，同时也会克服基于认知失调和认知冲突上消极的成规。

在人文学科中被普遍接受的就是美国政治学家约瑟夫·奈[①]（Joseph Nye）的观点，其首先介绍了"软实力"一词，进而确定了国家层面管理的两种策略，即"硬实力"和"软实力"。根据约瑟夫·奈[②]所说，"硬实力"是指以国家的军事和经济力量促进国家外交政策利益的能力，同时"软实力"是指国家以其文化和社会政治价值来吸引人们的能力。

"权力"一词是多义的，并且可以译为"权威"、"势力"和"影响力"等。这个术语的模糊性使我们可以将软实力[③]策略细分为至少三个要素：文化要素（社会各成员共有的基本价值体系）；意识形态要素（社会中的一系列信仰，从科学知识到宗教以及日常的良好品行观念）；外交政策要素（广义上的外交）。文化和意识形态要素体现了软实力策略稳定性的一面，外交政策要素是动态多变的，可以被用来克服消极的成规。

需要强调的是，软实力策略有助于克服各种成规（包括种族偏见），并且促进社会文化合作。在跨文化交际的范畴内，软实力策略鼓励建立

---

① 约瑟夫·奈是13本书的作者，其中重要的有：The Changing *Nature of American Power*（1990），*Governance in a Globalizing World*（2000），*The Paradox ofAmerican Power*（2002），*Soft Power*（2004），etc.

② Joseph S. Nye，*Soft Power*：*The Means to Success in World Politics*. New York：Public Affairs，2004. p. 192.

③ Joseph S. Nye，*Soft Power*：*The Means to Success in World Politics*. New York：Public Affairs，2004. p. 192.

一种旨在不同文化代表之间建立伙伴关系的中介过程，从而构建多极环境。

软实力策略中包含文化管理策略，其中包括三个因素，这在 Ageeva 题为《全球化背景下"软实力"策略在俄罗斯联邦外交政策中的作用》这一研究报告的第五小节中得以详细描述（Ageeva, 2016）。作者称之为"一国的经济成功，意识形态说服力和文化魅力"（Ageeva, 2016）。这些因素也是追求在社会和人道主义领域称霸世界的因素。首先，这涉及通信技术，能够使之与不同文化类型的国家建立伙伴关系。其次，通过文学、艺术、现代工业技术、创新等手段，展示一个国家的文化和技术成果，这可能会对跨文化对话的所有参与者产生软影响。

软实力策略的三个要素（文化、意识形态和外交政策要素），使它不仅可以作为政治和意识形态的工具使用，而且也可以在各种类型的对话中作为一种促进社会文化的营销和管理工具。

（二）跨文化交际（方法）

第二种策略可以称为跨文化交际方法。我们认为跨文化交际是不同语言和文化群体①的语言认同交流。

现代的跨文化/地缘政治空间以两种截然不同的趋势为特征："一方面，是将地球上的人群和种族结合在一起的一体化过程；另一方面，也存在分裂过程"（*Global Challenges of the XXI Century*, 2012, p. 9）。必须考虑到全球的政治、经济和文化是以协调许多参与者的活动为基础的。在这方面，文化成为一种可以推动一体化的地缘政治因素，同时也可以作为在全球化背景下国家展示实力的方式。

人们普遍认为地缘政治、意识形态和经济因素受许多其他因素的影响，其重要性随具体的文化和历史环境而变化并取决于这两方面。同时，文化和历史遗产的保护与维护和促进全球化语境中的民族语言密切相关。这使得我们有可能将语言视为反映地缘政治进程的"镜子"，这

---

① D. B. Gudkov, *Theory and Practice of Cross-cultural Communication*, Moscow: ITDGK "Gnozis", 2003, p. 51.（in Russian）

种地缘政治进程是全球化的典型。考虑到这一点，分析现代研究人员所谓的外来词汇以及在不同语境下具有特殊性的关键词在语言和国家中产生了所谓的"流行事物"。

跨文化交际是基于对国家形象的认识：不管是在外国还是本国。每个机构均旨在制定确保外部沟通的交际策略，并且跨文化交际的方法有助于努力缓解跨文化交流的困难，同时克服消极成见。

应该强调的是，在机构领域，语言和相关国家的风尚都受到政府和公共组织以及各种社会机构的调控。这些机构的运作导致各种政治和经济联盟、组织和协会的出现，例如，上海合作组织（SCO）、金砖国家（BRICS）等。有必要制定一套措施，为这些机构的可持续运作提供系统的文化和话语空间。

（三）跨文明对话

第三种当代策略我们称之为跨文明对话。目前，跨文明对话是在机构、专业领域和日常环境中得以实现，无论是在现实交往还是在虚拟空间中。这意味着任何国家都致力于追求正面的国家形象，无论是在物质社会文化的互动中，还是在互联网上。因此，真正的地缘政治变化在所有机构中找到了自己的表达方式：在媒体、市场营销、广告、教育等领域。所有这些都是通过语言来实现的，这种语言被认为是一种"机构制度"，因为语言使各种形式的人类活动得以实现，无论是认知的、实际的、交际的或其他的。跨文明对话的目的是建立一个共同的交际空间，寻找各方现实利益的交汇点。共同的交际空间塑造了每个国家的正面形象。在我们看来，当今的跨文明对话基于所在地的品牌，或"国家美名"，通常与某些方面（行政单位、地理特征、领土、地方、城市、区域等）有一定的联系。值得注意的是，品牌定位的概念主要是在对国家认同的研究和所谓"原产地效应"（COE）的影响下形成的（Parshin，2015：29）。在很大程度上，这是由提及"……制造"商品的原产地所促进。跨文明对话可以为国家建立亲和力。研究人员说，一些国家和州的品牌非常稳定：排名前十位国家的品牌行列多年来一直保持不变；它们是美国、德国、英国、法国、日本、加拿大、意大利、澳大利亚、瑞士和瑞典。一些跨文明对话的主要特性是国家的美食、饮料、建筑、商业品牌等。某些商业品牌几乎可能是该国的主要象征，比如瑞典的宜家和伏特加，以及韩国的三星。东欧和波罗的海国家的品牌已经摆脱了苏联/共产党的历史。据作者所说，东亚和东南亚国家努力克服它们简单、片面的品牌形象：无论是纯粹作为旅游地的国家（马来西亚，新加坡），还是作为加工地的地区和国家（中国台湾、韩国）。伊拉克、哥伦比亚、罗马尼亚、科索沃和南苏丹等国家也对它们的品牌定位表示担忧。

俄罗斯的品牌定位有其自身特点，它在提升俄罗斯民族品牌的基础上，凭借其独特的科学和教育、文化传统和自然游憩资源，成为极具潜力的商品和服务生产国。

目前，跨文明对话表现在过度使用借用词和外来词。在 L. Mazurova 发表在《文学报》题为《俄罗斯的外来词》（*Foreign as Russian*）的文章中（Mazurova, 2016），作者严厉批评了这一现象，即在克里姆林宫附近，用拉丁文写成的广告牌随处可见，比如"奢华的圣尼古拉斯广场"；"时尚品牌"；"美容沙龙"；"共和"健身俱乐部；"莫斯科的奥迪城"展览厅（Mazurova, 2016：18）。毫无疑问，这些都是全球化的表现，标志着消除边界，拉近各国人民之间的距离。

三 结语

最后，需要强调的是，上述所有策略都有助于建立多极世界，并且是发展国际合作的必要条件。

参考文献

Ageeva V. D. Rol instrumentov "myagkoy sily" vo vneshney politike Rossiyskoy Federacii v kontekste globalizacii: avtoref. diss. cand. polit. nauk – Sankt – Peterburg/ SPbGU, 2016.

Festinger, *Cognitive Dissonance Theory*. Transl. From English. – Spb:《Rech》, 2000.

Frygina N. I. Factory prevrascheniya kognitivnogo konflikta v mezhlichnostny konflikt v situatsiyakh gruppovogo obsuzhdeniya: dis, 1980.

Globalnye vyzovy XXI veka-geopoliticheskiy otvet Rossii. , 2012.

Gudkov D. B. *Theory and Practice of Cross-cultural Communication*, Moscow: ITDGK "Gnozis", 2003 (in Russian).

Kubryakova E. C. Yazyk i znaniye. M. : Ros. Akademiya nauk. Institut yazykoznaniya. : Yazyki slavyanskoy kultury, 2004.

Mazurova L. Inostranniy kak russkiy. – Litereaturnaya gazeta. – №39 (6569). – 5 – 11 oktybrya 2016 g.

Nay Dzh. S. Myagkaya sila: Slagaemye Uspekha v Mirovoy Politike, Nyu York, 2004.

Nechayeva V. S. Upravleniye konfliktami v elektronnoy kommunikatsii (na material elekronnykh delovykh pisem) / Psykholingvistika: [sb. nauch. trudov GVUZ 《Pereyaslav – Khmelnitsky gosudarstvenny pedagogichesky universitet imeni Grigoriya Skovorody》], # 14. – Pereyaslav – Khmelnitsky: FLP Lukashevich A. M. , 2013.

Nechayeva B. C. Sposoby obyektivatsii kognitivnogo konflikta v elektronnoy nemetskoyazychnoy delovoy perepiske / Semioticheskaya geterogennost yazykovoy kommunikatsii: teoriya i praktika. Vestnik MGLU, # 15 (675): FGBOU VPO MGLU, 2013.

Nye J. S. *Bound to Lead: The Changing Nature of American Power*, N. Y. , 1990.

Nye J. S. *Soft Power. The Means to Success in World Politics*, New York: Public Affairs, 2004.

Parshin P. B. Territoria kak brend: Marketingovaya metaphora, identichnost i konkurentsia, 2015.

Schwarz – Friesel M. Sprache und Emotion, Tübingen: Narr Francke Attempto Verlag, 2007.

新型南南合作与金砖国家新发展银行

朱杰进

复旦大学国际关系与公共事务学院、金砖国家研究中心副教授

作为对接金砖国家发展战略的载体，金砖国家新发展银行的建立标志着五国之间发展领域的务实合作进入到一个新的阶段，同时这也是对传统的发展中国家之间的发展合作即南南合作的一次超越，我们将之称为"新型南南合作"。在过去 10 年当中，金砖国家通过新发展银行的建立如何创新了南南合作？有哪些新的发展合作理念属于金砖国家？我想主要是在三个方面，金砖国家新发展银行创新了南南合作的发展理念。

第一个是"尊重主权和互利基础上的发展合作"。我们讲到南南合作会想到 1955 年亚非万隆会议，万隆会议开创了南南合作的历史先河。如果说万隆精神奠定了什么是南南合作，当中最核心的其实就是两条，一个就是经济合作要建立在尊重主权的基础之上，尊重主权，其实就是国家无论大小、贫富，一律平等，用金砖峰会的语言说就是"各国能力和发展水平不同，但在全球经济、金融和贸易实务中应当权利平等、机会平等、参与平等"。第二个就是经济合作要互利互惠，如果我们把南南合作跟南北合作，尤其是跟 OECD 主导的发展合作相比较，你就会发现它们有很大的差别。南南合作曾经在 20 世纪 60 年代和 20 世纪 70 年代取得了辉煌的成绩，1961 年不结盟运动诞生，1964 年 77 国集团成立，1974 年在联合国第六届特别联大上通过了关于建立国际新秩序的宣言和行动纲领。但是在进入 80 年代、90 年代后，我们听到的更多是新自由

主义和华盛顿共识，南南合作实际上进入到一个低谷期。

在新的历史时期，进入 21 世纪以后，因为金砖国家的经济增长，使得南南合作有了一个新的复兴。金砖国家建立了自己的新发展银行，体现了南南合作的精神实质。在这个新发展银行当中，采用了跟现今所有的多边发展银行不一样的股权分配原则，就是不按 GDP 大小分配股权，而是按照平等原则，五国平分股权，这实际上体现了平等的原则。同时在银行运营当中采用市场化原则，章程当中讲到是稳健的银行业运营原则。实际上采用的是互利互惠原则。平等和互利原则在金砖国家的新发展银行中得到体现。

第二个是"经济增长优先论"。发展经济学有一个争论，到底应如何促进发展中国家的发展？一个是经济增长理论，一个是减贫理论。经济增长理论认为发展中国家的发展归根到底还是要本国承担首要的责任，靠的是内生性的经济增长，而内生性经济增长最大的瓶颈因素主要是基础设施的缺乏，帮助发展中国家改善基础设施，这就是经济增长理论一直所倡导的。另外一个理论与此观点不同，叫"减贫理论"，认为发展的实质是最贫困国家最贫困人口的减少，而这未必能够通过经济增长来实现。在很多国家它可能经济在增长，但是国内的贫富差距在拉大，穷人没有获益，贫困并没有减少，因而它主张直接进行"减贫"，对贫困国家的贫困人口进行点对点的帮助，主要是在教育、医疗、社会保障、男女平等方面进行帮助。

实际上，减贫理论与经济增长理论在理论上很难说孰优孰劣，关键在于哪种理论的假定与广大发展中国家的实际更加符合。减贫理论假定，应该更多通过引入私人资本来投资基础设施，多边发展银行应该从这一领域退出，所以我们看到，世界银行和亚洲开发银行等现有多边发展银行原来有很多项目涉及基础设施，现在越来越多的项目涉及教育、医疗等方面，而基础设施方面越来越少。而经济增长理论的假定认为，在很多发展中国家，由于没有建立起有效的市场机制，一方面难以吸引足够的私人资本进入基础设施领域，另一方面，多边发展银行聚焦社会领域所产生的效益难以传导扩散到其他领域，不能转化成经济增长，因此，金砖国家的新发展银行聚焦的是基础设施，强调经济增长优先。这实际上反映出背后不同理论和理念的差异。

第三个是"发展导向的全球经济治理"。根据联合国的定义，全球经济治理指的是全球多边机构和进程在形成全球经济政策、规则和条例中所发挥的作用。全球经济治理的目标和核心是什么？换言之，为什么要开展全球经济治理？对于发达国家而言，全球经济治理的目标与核心就是推广华盛顿共识，促进发展中国家市场化、自由化、私有化和去除政府管制，这在 IMF、世界银行、WTO 中体现的十分明显。

IMF 要求很多的发展中国家开放资本市场，要让资本自由流动，解除对外汇的管制，并以此作为对发展中国家进行贷款的条件，这是不是有利于广大发展中国家的发展，在很多时候是有争议的。世界银行从聚焦帮助发展中国家发展的项目到聚焦发展中国家的发展政策，再到推动发展中国家政府的变革，开始越来越多地涉及治理与反腐败、公共管理、公民社会发展等领域，越来越脱离发展的职能。WTO 一直以推动贸易自由化为己任，对发展中国家的发展需求关注不足，乌拉圭回合之后，发展中国家对此普遍不满，因而迫使 WTO 开启了新一轮多哈回合谈判，要求将发展中国家的发展利益放在首位，取名为多哈发展回合。但令人忧虑的是，目前多哈发展回合前途未卜。

与此不同的是，金砖国家强调全球经济治理的目标与核心应该是帮助解决发展中国家的发展问题。发展中国家有其自己的发展战略，国际多边机构和进程应当设法响应它的发展战略，而不是改变它的发展政策或者说改变它的政府，这实际上是一个发展导向的全球经济治理理念。金砖国家建立的新发展银行采用了国别体系，银行贷款项目不附加政策和政治条件，主要依赖借款国自身的环境和社会标准来对项目进行把关，加快项目审批和落实进程，成为发展中国家真正平等的发展伙伴。世界银行和亚洲开发银行把发达国家的标准通过贷款输入给你。而金砖国家是响应你自身的标准，怎么样提高你的标准和能力建设，采取何种协商的过程。

与此同时，不容忽视的是，新型南南合作的性质也为新发展银行的运营和未来发展带来不小的挑战：（1）国际评级。南南合作意味着发展中国家的主导，这会导致没有发达国家的进入，一是会减少银行的资金规模，二是会导致惠誉、标准普尔、穆迪等西方主导的国际评级机构对新发展银行抱有偏见。同时南南合作还意味着五国之间的平等，这也限制了金砖国家中一些实力更强大国家的贡献能力，客观上也会导致对银行的评级不利。（2）融资成本。由于在国际评级上遭遇西方的误解，这对银行的融资成本会造成不利影响，2016 年，新发展银行在中国银行间债券市场发表首批 30 亿元 5 年期人民币绿色债券，票面利率为 3.07%，而同年世界银行在中国试水发行的 3 年期 5 亿特别提款权计价债券票面利率为 0.49%。（3）扩员。为了坚持新型的南南合作，新发展银行在扩员时应首先选择国家治理体系较好的发展中国家，多数应为新兴市场国家，但这本身就是一个悖论，对于加入银行来说，希望获得银行贷款的低收入发展中国家的愿望更加强烈，但短期内，新兴市场国家而非低收入发展中国家应该成为银行扩员的优先考虑。

附录　金砖国家发展战略对接：迈向共同繁荣的路径
——2017 年金砖国家智库论坛暨国际研讨会会议综述

魏斯莹

中国社会科学院亚太与全球战略研究院博士后

2017 年 6 月 8 ~ 9 日，中国社会科学院国家全球战略智库、光明智库、国际关系学院联合在京举办 2017 年金砖国家智库论坛："金砖国家发展战略对接：迈向共同繁荣的路径"国际研讨会。来自金砖五国近 40 家机构的 40 多名政府官员和专家学者参加了会议。

中国社会科学院国家全球战略智库常务副理事长兼秘书长王灵桂主持了开幕式，中国社会科学院副院长、国家全球战略智库理事长蔡昉，光明日报社副总编辑沈卫星，国际关系学院校长陶坚，中国现代国际关系研究院原院长陆忠伟出席开幕式并发言。在为期两天的会议中，五国政要与学者就金砖国家发展与合作的关键性问题进行了坦率的对话，梳理了五国发展与合作的背景与条件、内容与路径、经验与做法，面临的根本问题和未来可能面临的挑战，尝试提出促进金砖国家间发展战略对接的新思路、新框架、新概念和新方法，以实现金砖五国的共同利益，解决各方面临的共同挑战，发展稳定与和谐的多边合作关系，并为地区与世界的和平与繁荣做出贡献。今年 9 月，金砖国家领导人峰会将在厦门举办，此次研讨会也为厦门峰会提供预热与展望。会议的发言和讨论富有深度、颇有成效。

一　金砖国家溯源：概念、目标与定位

与会学者对金砖国家的定义进行了重新讨论，并分析了金砖国家产

生的原因、回顾了金砖国家的发展历程，提出了金砖国家开展合作的目标与定位，展现了丰富的见解。

关于金砖国家的概念，俄罗斯外交部莫斯科国立国际关系学院东亚与上海合作组织研究中心主任 Alexander Lukin 认为，金砖国家是由政治精英发起的政治团体或组织。巴西利亚大学国际关系研究所研究生部主任 Ana Flávia Barros Platiau 认为，过去金砖国家是抵抗西方的联盟，当前随着国际局势的变化，金砖国家的概念也有所改变，金砖国家成为一个制度化的平台，通过这一平台可以应对更广泛的国际事务。俄罗斯科学院欧洲研究所高级研究员 Boris Guseletov 认为，金砖国家主要是基于国际关系的变化而形成，最初是政治互动形成的集体，后来由政治领域互动拓展到经济、贸易、金融等方面的合作，五国既有意愿又有资源开展合作，使五国形成彼此依存的关系。中国人民大学国际关系学院教授王义桅将金砖国家这种关系称为命运共同体。巴西金砖政策研究中心主任 Paulo Esteves 以一种独特视角阐述了金砖国家的定义，他把金砖国家看成一个俱乐部，成员不仅来自主要参与国，还来自整个国际社会，既是政策参与者也是政策受益者。中国社会科学院西亚非洲研究所非洲研究室主任贺文萍认为，无论是一种组织还是一种俱乐部，金砖国家既有经济职责又有政治和外交职责。今后还可以加入一些军事上的目的，关注国际安全方面的合作。

与会专家认为金砖国家的目标是参与金融体系改革，参与全球治理，争取在国际、政治、经济等新秩序中的话语权。印度维维卡南达国际基金会高级研究员 Vinod Kumar Anand 提出了更高的期待，认为金砖国家的发展战略要和联合国未来目标保持一致，这些可持续发展目标也是金砖国家发展当中最关键的一些问题。中国现代国际关系研究院南亚东南亚大洋洲研究所所长胡仕胜指出，金砖国家的目标是追求公平，获得和发达国家同样的竞争优势，这也是五国联合的原因。复旦大学金砖国家研究中心高级研究员朱杰进提出了金砖国家对于发展目标达成的共识，他称为新发展思维：南南合作和南北合作；经济发展与减贫的辩证关系；寻求发展和努力参与全球经济治理。

对于金砖五国的类别，学者普遍赞成金砖国家可以分成三个类别：

第一个类别是南非与巴西：欧洲移民占比高、奴隶问题影响仍在、社会不平等问题严重；第二个类别是中国和印度：较长的殖民地经历、世界上人口最多的两个国家、处于相似的发展阶段；第三个类别是俄罗斯：未受过剥削、本身就曾是西方列强之一、科技发展处于领先地位。

关于金砖国家的发展历程，俄罗斯科学院世界经济和国际关系研究所所长、院士 Vasily Mikheev 提出了金砖国家发展内容经历的三个主要阶段：市场发展阶段、政治发展阶段和务实阶段。Paulo Esteves 从发展进程的角度把金砖国家的形成分为四个阶段：前三个阶段是接受阶段、重组阶段以及金融合作阶段，目前正处于第四个阶段：从 2016 年果阿峰会开始，国际形势发生重要变化，金砖国家开始寻求承担新的责任。对此，南非冲突解决中心执行董事 Tony Karbo 的意见稍有不同，他认为第二阶从南非加入开始，是金砖国家扩张阶段，这一阶段的金砖五国正式形成，并取得了重要合作成果。

二　全球治理视角下的发展战略对接

印度前驻华大使、印度世界事务委员会总干事苏里宁在主旨演讲中提到，金砖国家将会为未来的全球治理和国际治理结构改革贡献全新的力量，并且也能够在很多亟待解决的国际事务中扮演具有影响力的角色。当前金砖国家积极参与全球治理有其必然性和必要性。

印度梵门阁（Gateway House）董事长 Neelam Deo 认为现在全球治理被西方世界所统治，发展中国家占弱势地位，金砖国家包含了最主要的发展中国家，在全球治理中发挥影响力对五国来讲至关重要。福建师范大学经济学院院长黄茂兴认同这一观点，认为发展中国家应主动参与全球治理，摆脱被动地位、提升话语权。Vinod Kumar Anand 指出，随着美国倾向于保守主义，金砖国家获得提升国际话语权的重要机会，各国应把握机遇、推出南南合作中的有效政策和手段。陶坚指出，金砖国家有责任积极参与全球治理，维护和发展开放性的世界经济，推进共建公正、合理、透明的国际经贸投资规则体系，并为发展中国家提供更多的公共产品。中国国际问题研究院副院长董漫远指出，金砖五国应该通过全球治理承担起领导角色，使得发展中国家能够作为一个集体崛起。

俄罗斯科学院经济所亚太战略中心主任 Georgy Toloraya 认为，五国在全球治理事务中可以提升各自的地位、提升发言权，在世界秩序中起到越来越重要的作用。Boris Guseletov 指出，五国各自也都认为金砖国家应该在国际社会中有更大的发言权。

对于金砖国家如何参与国际治理，陆忠伟认为，应充分利用金砖国家开发银行这一重要载体参与全球治理，增加新型经济体和发展中国家发言权，弥补世界银行和亚洲开发银行的补给短板。巴西前驻华大使、巴西国际关系研究中心董事会成员 Roberto Abdenur 指出，金砖国家开展内部合作的同时，如以金砖国家身份同其他国家进行合作，将为世界带来更多新的可能。因此，在保护多边主义方面，金砖国家需要承担更多责任。金砖国家不仅在学术、商业、外交等方面需要加强交流，而且要加大社会各领域之间的交流。Paulo Esteves 特别强调金砖国家在气候问题上的合作。他认为在这一问题上，金砖国家应向着发达国家、欧洲国家延展。南非中国研究中心高级研究员 Sanusha Naidu 认为，金砖国家寻找全球治理中的里脊和空白非常重要，如海洋治理、海洋经济、互联网治理等。复旦大学金砖国家研究中心高级研究员朱杰进认为，金砖国家在全球治理中应该更加关注与发展中国家的合作。中国人民大学国际关系学院教授王义桅认为，金砖国家来自不同大洲，应在全球治理框架下实现新兴国家的平行合作。Georgy Toloraya 认为，金砖国家应努力改变世界政治经济基础，促进国际法律以及政策的独立，同时保证自身在其他国际组织中的地位。印度尼赫鲁大学中国和东南亚研究中心教授 Bali Ram Deepak 指出，金砖国家应拓展联通思维，将金砖国家与全球化相连接，争取这种连通带来的好处。巴西智库瓦加斯基金会（FGV）董事 Renato Galvão Flôres 指出，无论出于何种原因，金砖国家应通过和平、和谐的方式去改变国际组织的现状。

三　深化合作：成果与挑战

金砖国家开展合作以来，通过经济、政治、外交、贸易、安全等方面的合作，取得了一系列成果。学者们对合作成果的梳理与评价如下。第一，金砖国家以经济合作为主线，建立起覆盖政治、经济、人文交流与合作的全方位、宽领域、多层次的伙伴关系。果阿峰会曾提出在2020年，金砖国家总体贸易额将达5000亿美元。第二，机制建设取得了突破性进展，建立了金砖国家新开发银行和金砖国家应急储备安排，为发展中国家转型期所需资金提供了新的来源。成立仅一年多时间，金砖国家新开发银行已批准了价值近10亿美元的多个项目。应急储备安排则有助于全球金融系统的稳定。第三，成功举行八次峰会，第九次峰会将于2017年在中国厦门举行。研讨会和其他形式的对话400余次。第四，在推动全球经济金融治理改革方面取得了很大进展。实现国际政治和经济格局的转变，从北到南的转变。

在取得丰硕成果的同时，金砖国家也面临一些未来发展的挑战，学者们的观点可以概括为几个方面：第一，国际大环境新变化导致的安全挑战。当前全球金融危机的影响持续至今，世界经济复苏势头缓慢乏力；国家政策内部倾向加重、保护主义抬头、地缘政治因素错综复杂；传统和非传统的安全风险相互叠加，恐怖主义、传染性疾病、气候变化等全球性挑战更加凸显；不确定、不稳定的因素增加。最近几年来又出现逆全球化趋势，原有领导者成为反向力量，再加上特朗普政府出现的保守主义倾向，形势非常严峻。美国退出"巴黎气候协议"、英国脱欧是2016年国际上两个重大事件，全球气候变化和全球治理遭受重大打击，原有发达国家在国际上的领导地位逐渐丧失。

第二，各国国内发展困境导致的结构挑战。金砖五国都在面临自己特殊的挑战。俄罗斯的资源经济结构和危险政治亟待转型，过度依赖优势领域。国内政治经济统治的过渡行政干预和垄断，不利于自由市场竞争环境形成。印度长期存在的二元结构性的问题根深蒂固，基础设施建设迫在眉睫。南非对外依存度过高，削弱了经济发展的自主性。从自然资源出口到制造业的转移是关键难点。巴西治理体系亟待调整，国内一系列政治问题加剧了巴西未来经济发展的不确定性。此外，巴西严重依赖自然资源，能否找到新的开发方式是解决问题的关键所在。中国供给侧结构性改革面临体制障碍，人力成本、土地成本与环境保护成本上升，劳动密集型的行业优势不再。金砖国家首先要解决各自内部的问题，才能探讨未来如何连接的问题。

第三，金砖五国各自差异导致的协调挑战。政治上，五国地位不平等，内部与外部环境不同，法律体系差异巨大。经济上，金融体系的差别导致合作在各国对外经济战略中的对位不尽相同，利益诉求和优先选项各有侧重。安全上，成员之间存在兼容性障碍，各国对世界体系未来发展有不同的认识，很多事务上是战略对手关系，给金砖国家带来不确定性。文化上，各民族文化差异明显，增加了协调的难度。地缘上，地理区别对整个组织未来发展有负面影响：各国坐落于三个大陆，造成了物流和贸易流通障碍。五国应相互协调、弥补差异，这一过程具有长期性，各国要互相帮助，共同解决问题。

四　应对之策与未来金砖国家合作

尽管面临严峻挑战，学者们对于金砖国家的应对能力持乐观态度。苏里宁指出，金砖国家能够成为南北和东西的桥梁，五国有能力应对国际上的挑战，完成更多的事业。专家学者们提出的具体对策可以归纳如下。

第一，增强宏观政策协调。五国应更多关注如何化解差异、加强内部合作。可以通过几个方面实现：（1）寻求五国在世界事务上的共同点和利益契合点，搁置差异点，充分发挥战略聚合效应。（2）积极利用各国优势，实现优势互补、互利互惠。Alexander Lukin 指出，中国有句成语"和而不同"，各国需要在保持各自特征的同时努力创造和谐，独自应对挑战会使五国成为竞争者而非合作者。（3）寻求共同发展。应一起培养三种能力：联通能力，生产能力，消费能力，形成强大的竞争优势。（4）增强战略沟通与对话，强化战略互信，使五国人民和企业更加适应和理解彼此的战略角色、法律体系和工作机制，保证包容透明与平等互利，实现和谐互惠的合作伙伴关系。（5）重视软实力战略，建议金砖国家形成跨文化交集，开展文明之间的对话，在观点辩论中找到共鸣。金砖国家必须改善相互之间的关系，将金砖国家的发展列为政治生活中优先考虑的目标。

第二，推进重点领域合作，把握新兴合作机遇。各国应梳理经济日程，继续加大贸易领域对接，提升重点领域合作水平。同时，五国应继续加强监管机构合作，尊重彼此的监管机构，承认相互监管标准。商务部国际贸易经济合作研究院国际市场研究所副所长白明提出，金砖国家基于发展的合作有三层效益：外向效益、交互效益和内升效益。通过五国合作可以反过来拉动成员体制机制变革及产业结构调整。此外，各国应把握新兴领域的合作机遇，培育新的合作增长点。目前金砖国家应把握的新合作领域包括：可持续发展领域，如可再生能源、循环经济等；电子领域，如媒体、互联网等；军事技术领域，如直升机、导弹建设以及核工业等；高科技领域，如高科技产品、机器人等。

第三，积极争取机制创新。金砖国家是一种国际论坛的非正式组织形式，应继续完善合作机制，完成从松散的组织到具体机构的演进。如通过设立秘书处和执行机构等方式实现组织正式化、规范化，将峰会上的决定归入法律范畴。再如从建立小型机构着手，加深相互影响。此外，部分与会学者赞成"金砖＋"的拓展模式，建议增加成员、扩大金砖朋友圈。一些学者对"扩员"持反对态度，如 Paulo Esteves 认为金砖国家已经形成现有机制，各国应继续巩固与加强这一机制。Boris Guseletov 也认为当前该集团已经具有足够代表性，鲁莽的扩张可能导致不协调和无效对接，应在确定发展接纳新成员的标准和对其指标的要求之后再考虑这一问题。Ana Flávia Barros Platiau 提出，各国可以持开放态度，目前尚有很多问题需要讨论和思考，这一问题可以留给将来。

第四，广泛开展交流与智库合作。智库交流是金砖五国增加了解的窗口，增进互信的桥梁，促进合作的纽带。Vasily Mikheev 也指出，金砖国家由于交叉义务可能导致内部矛盾，智库合作则显得尤为重要。中国社会科学院世界经济与政治研究所所长张宇燕指出，智库在金砖国家平台中发挥着重要作用，尤其是减少问题成本、稳定各国未来预期方面。对于智库的交流，中国社会科学院副院长蔡昉提出五点倡议：第一，共同策划选题开展联合研究。第二，共同分享学术成果和信息。第三，共同培养学术人才。第四，共同发布阶段性或者专题性有影响力的联合研究成果。第五，共同举办不定期的会议。

当前在新的全球局势下，金砖国家未来可以发挥巨大的发展潜力。外交学院国际经济学院院长竺彩华指出，新时代是再次全球化的时代、第四次工业革命的时代、新能源革命的时代。对于新时代新的全球局势下金砖国家的未来，学者们提出了一些想法。Vasily Mikheev 认为，"一带一路"会给各国带来更多机会。Georgy Toloraya 指出，金砖国家将会成为国际秩序的催化剂。未来金砖国家可以倡导一些由政府主导的新的机制，零散新出现的机制可以独立于现在西方主流全球治理框架而存在。Paulo Esteves 提出金砖国家未来可以努力的目标：可持续发展目标主流化，关注儿童和青少年发展，世界卫生组织的改革等。他提出一个新的概念：气候适应，大家都在讨论延缓气候变化，但是很少有国家在谈适应气候变化，对发展中国家来说，适应气候变化才是最为重要的，因为气候变化的后果是一定要面对的。Sanusha Naidu 指出，金砖国家并不是想要替代某一个国际组织，五国希望最终形成团结集体，与现在所谓的西方经济体和平共存。

图书在版编目（CIP）数据

金砖国家发展战略对接：迈向共同繁荣的路径／王
灵桂，赵江林主编 . -- 北京：社会科学文献出版社，
2017.8
（中外联合研究报告；3）
ISBN 978 - 7 - 5201 - 1187 - 4

Ⅰ.①金…　Ⅱ.①王…②赵…　Ⅲ.①世界经济 - 经
济发展 - 研究　Ⅳ.①F113.4

中国版本图书馆 CIP 数据核字（2017）第 192172 号

金砖国家发展战略对接：迈向共同繁荣的路径
—— 中外联合研究报告（No. 3）

主　　编／王灵桂　赵江林

出 版 人／谢寿光
项目统筹／祝得彬
责任编辑／刘学谦

出　　版／社会科学文献出版社·当代世界出版分社（010）59367004
　　　　　地址：北京市北三环中路甲 29 号院华龙大厦　邮编：100029
　　　　　网址：www.ssap.com.cn
发　　行／市场营销中心（010）59367081　59367018
印　　装／北京季蜂印刷有限公司

规　　格／开 本：787mm × 1092mm　1/16
　　　　　印 张：12.25　字 数：182 千字
版　　次／2017 年 8 月第 1 版　2017 年 8 月第 1 次印刷
书　　号／ISBN 978 - 7 - 5201 - 1187 - 4
定　　价／78. 00 元

本书如有印装质量问题，请与读者服务中心（010 - 59367028）联系